怪談禁事録
ハカが見える

営業のK

竹書房
怪談
文庫

※本書は体験者および関係者に実際に取材した内容をもとに書き綴られた怪談集です。体験者の記憶と主観のもとに再現されたものであり、掲載するすべてを事実と認定するものではございません。あらかじめご了承ください。

※本書に登場する人物名は、様々な事情を考慮してすべて仮名にしてあります。また、作中に登場する体験者の記憶と体験当時の世相を鑑み、極力当時の様相を再現するよう心がけています。今日の見地においては若干耳慣れない言葉・表記が記載される場合がございますが、これらは差別・侮蔑を助長する意図に基づくものではございません。

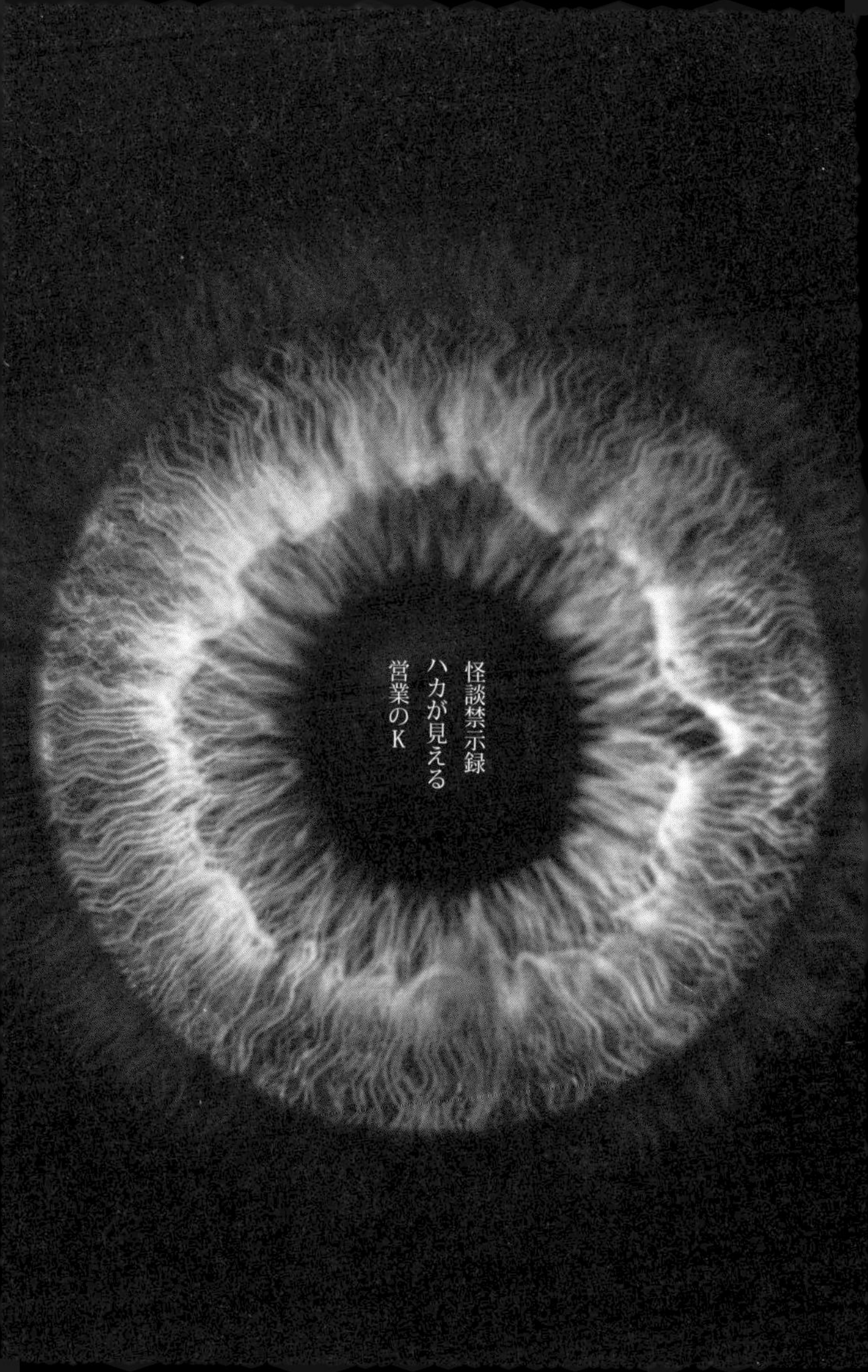
怪談禁示録
ハカが見える
営業のK

目次

スナックにて

俺が怪談を書き始めた当初、怪異ネタの多くは片町の某スナックで仕入れていた。

色んな人生を歩んできた多種多様な人たちが常連客として訪れるそのスナックでは、仕事先や知人友人からは決して聞けないような危ない話を沢山聞かせてもらった。

ただ俺にはもう一軒、怪談収集のために訪れていたスナックがあった。

片町の裏通りにあるビルの三階にあったそのスナックは、占い好きなママさんが一人で営業している店だったが、カラオケもなく、常連客と呼べる客もほとんどいないという、本来ならば俺好みのスナックだった。

しかし、俺がその店に行くことはめったになかった。

占いが嫌いという理由もあるが、それ以上にその店には明らかに普通とは違う空気感が漂っていたからだ。

ある意味それは命の危険さえ感じるほどであり、ミイラ盗りがミイラになってしまう可能性があったために、俺自身が自己防衛としてその店に近づくのを避けていた。

ただ年に一度か二度、嫌々ながらもその店に行くことがあった。

それは、怪談のネタに困ってしまった時。

その店に行きさえすれば怖い話を聞かせてもらえたし、聞けなかったとしても、何かしらの怪異に遭遇できたから、ハズレがない。
・突然古いカラオケ曲が流れだす。
・トイレのドアが一定時間開かなくなる。
・ボトルキープしてある酒の瓶が勝手に落ちて割れる。
そんなことは日常茶飯事だったが、その中でも最も嫌だったのは、突然店の入り口のドアが開くということ。

そして、その度にママさんはあたかもドアの隙間から見てはいけないモノが店内を覗いており、それと目を合わせないようにしているかのように、怯えた表情でさっと顔を伏せた。

スナックの客というのはドアが開いたのがわかると、

（いったい誰が来たんだろうか？）

と振り返って見る習性があるものなのだが、その店ではそれは禁忌とされていた。

店のドアが開いたとしても決して誰も振り返らず、何事もなかったかのように自然にふるまう。

それがその店のルールだった。

振り返ったらソレが店内に入ってくるのか、それとも振り向いた人間がソレに連れていかれてしまうのか、それは最後までわからなかったが、確かに危険な何かがドアの隙間に立っているだろうことは客の誰もが感じていた。

そんな店に怖い体験談を集めに行くにはかなりの勇気が必要だったが、それと引き換えにしてもお釣りがくるほどの極上の怪異体験をその店の常連客達は確かに持っていた。

その中に、常連客からヤスさんと呼ばれている五〇代の男性がいた。

以前はバスの運転手をしていたが、その頃には親の年金で働きもせずに暮らしているという変わった男性だった。

しかし、彼がそれまでの人生で経験してきた怪異はどこにもないような極上の怪異譚ばかり。

だから、その夜も俺は怪談ネタを求めてヤスさんが飲みに来ていることを願いつつ、その店を訪れた。

しかし、いざドアを開けて店内に入ると客は誰もおらず、ママさんが一人でテレビを見ているばかりだった。

「あら、珍しいお客さんがやって来たねぇ。もう来ないのかと思ってたよ」

そう言いながらテレビを消して、キープしてあったウイスキーのボトルを目の前に差し出してくる。

「あのさ……最近、ヤスさんは来てる？　今夜あたり来てくれると嬉しいんだけど」

そんなことを話しながら目の前に出された水割りを飲んでいると、突然入り口のドアが開いた。

一瞬、ママさんの顔を見て安全を確認してから振り返る。すると、そこには目当てのヤスさんがほろ酔い状態で立っていた。

「お久しぶりですね。何か新しい話、ありませんか？」

俺が唐突にそう聞くと、ヤスさんは少し困った顔をしてからこう言った。

「とりあえずは久しぶりの再会を祝して乾杯だろ？　勿論、お前のおごりでだ」

そうして俺とヤスさんは乾杯をしてから近況を語り合った。

「ふうん……そうか。お前まだ怖い話なんか書いてるのか。まあ怖い話なら捨てるほどあるけどさ。で、どれくらいの話が聞きたいんだ？　最高に恐ろしい話を聞きたいんなら、この店で一番高いウイスキーを奢ってもらわないとな」

そう言って得意げな顔をする。

「別に良いですよ。本当に身震いするほどの怖い話なら、どんなに高い酒だって奢らせてもらいますよ」

そう言うとヤスさんはママさんに目くばせをして、棚の一番奥にあるボトルを指さした。

そして、それをグラスに注いでもらい、ロックで何杯も飲んでいく。

（おいおい、酔っぱらって何も話せなくなるなんてオチはなしにしてくれよ……）

そんなことを思いながらヤスさんを見ていると、突然ヤスさんの顔が変わった。

その顔が、俺には何か一大決心をしたかのように見えた。

そして真顔で俺のほうを向いたヤスさんは、

「約束だからな。とびっきりの話を聞かせてやるよ。でもな、この話を聞いちまうとお前にも霊障が及ぶ恐れがある。いや、間違いなく怖い思いをすることになる。それでも大丈夫か？」

そう聞かれ、俺は大きくうなずいて「お願いします」とだけ返した。

スマホで録音しようとした俺を見て、ヤスさんはそれを止めた。

「やめとけ……死ぬぞ。この話は聞くだけにしておけ。そして聞くだけ聞いたらさっさと忘れてしまえ。そうしないと俺みたいになる」

ヤスさんが言わんとしていることは理解できたが、それでも俺としてはせっかく聞いた話なのだから書いて本にして世に出したかった。

だから、ヤスさんから見えない位置でボイスレコーダーの録音開始ボタンを押し、さり気なく自分の前に置いた。

それからヤスさんは二〇分以上かけてその話を語ってくれた。

しかし、話の途中からヤスさんの視線は何度も俺の背後の少し上辺りを彷徨《さまよ》い、その度に顔を強ばらせては何度か話を途中で止めた。

そしてまた大きく息を吸って、何かを決意したような険しい顔で話を再開した。

最後まで聞き終えた時、俺はその話のとてつもない怖さに震えていた。

確かに今まで聞いた話とは明らかに恐怖度が違っていた。

ヤスさんはそのまま目の前のグラスを飲み干すと、何かをやり遂げたかのような顔で小さく俺に手をあげて店から出ていった。

その後、俺は何やら得体の知れない恐怖に震えながら、ヤスさんの後を追うようにして店を出た。

話を聞いただけであれだけ疲れたという経験も初めてだった。


翌日。

俺は、ヤスさんに内緒で録音した音声を文字に書き起こそうとした。

しかし、録音した音源にはヤスさんの声は入っていなかった。

いや、微かにヤスさんらしき声がまるでお経を呟いているような声で聞こえていた。

しかし、その声は別の誰かの声にかき消され、何を言っているのかすら聞き取れない。

はっきりと聞こえていたのは中年の女性と思しき声。

生気がなく、抑揚もない口調でブツブツと、それでも何を喋っているのかははっきりと聞こえていた。

自分が何者なのか……。

どうして自殺したのか……。

そして自殺した時の痛みと、それからも延々と繰り返される同じ痛みについて泣きながら呟いていた。

それはママさんの声とも違っていたし、その時、客は俺とヤスさんだけだったのは間違いなかった。

だとしたら、今、聞こえてくる声はいったい誰の声なのか？

これは聞いてはいけないものに違いない……。

俺はすぐに再生を停止した。

そして唐突に気付いた。

昨夜、ヤスさんから聞かされ、恐怖に慄《おのの》いていたあの話の内容が何ひとつとして思い出せなくなっていた。

何か未知の恐怖が覆いかぶさってくるような息苦しさを感じ、俺はすぐにその音源を消した。

それからもう一度その店に行ったが、どうやらママさんはヤスさんの話をしっかりと

細部まで憶えているらしい。それだけでなく、

「どうしてもあの話を忘れられなくて……。そのせいで毎晩夢の中に女が出てきてね。『あの話を忘れないでいてくれてありがとう』って、そう言って気持ち悪く笑うのよ……。ねえ、これってどうしたらいいの？　なんか嫌な予感しかしなくって……」

そう暗い顔で言っていた。


それから俺は二度とその店には行かなくなった。

ママさんから聞いてしまい、ヤスさんの話を思い出すことがないように。

そして、三ケ月ほど経った頃、別の店で出会った飲み仲間に、ヤスさんが自殺したという話を聞かされた。

それだけならまだしも、ヤスさんの死後、あのスナックのママさんも行方不明になってしまっているそうだ。

それを聞いて、さすがの俺も不安になり、知り合いの霊能者Aさんに尋ねてみた。

話を聞いただけで呪われることなんてあるのかな？　と。

するとAさんは相変わらずのローテンションで興味なさげにこう言った。

「あんな店に行くからですよ。しかもあんな話を聞いてしまうなんて。読むだけならまだしも、言葉で聞いてしまえばアウトです」

「え、あんな話って、なんでわかるの?」

ぽかんとする俺に、Aさんは冷ややかな目で噛んで含めるように言った。

「あの話を思い出せなくして、アレが近づけられないようにしてあげたのは誰だと思っているんですか? Kさんが助かっているのは私のおかげなんですから、少しは感謝してほしいもんですね」

そう言われた。

怪異の取材にはリアルに死の危険が伴う。

そう感じた初めての体験だった。

母親

千場さんには物心ついた時から母親が二人いた。

父親の再婚による義母であるとか、そういう話ではない。

一人は生みの親で、もう一人はきっと血は繋がっていない。

きっと……と書いたのは血が繋がりの有無は彼女にもわからないからである。

もしかしたら薄いながらも血の繋がりがあるのかもしれない……あったらいいなと思っているが、彼女にそれを調べる術はない。

ここまで書くとある程度は想像できるかもしれないが、彼女にとってのもう一人の母親というのは生きている存在ではない。

幼い頃はそれに気付かず、家族や親戚から変な目で見られることもしばしばだったというが、そのうちにもう一人の母親の姿が彼女以外の人間には視えていないことに気付き、それからは学んだ。言動に注意するようになったので、妙な目で見られるようなこともなくなったという。

彼女を生んだ本当の母親が毒親で、もう一人の母親が精神的な辛さの中から生まれたイマジナリーフレンドのようなものだったかというと、それも違う。

生みの母はいつも優しかったし、なんでも好きな物、望んだ物を彼女に買い与えてくれるような人だった。

対するもう一人の母親は、時には厳しく睨んできたり、叱るような素振りを見せることもあったが、常に彼女の傍にいて離れることはなく、声を発することもなかった。

だから、少し意地悪な言い方をすれば、彼女は幼い頃からその時の気分や都合によって二人の母親の存在を使い分けてきた。

そんな彼女が高校生の時に大きな変化があった。

両親が離婚することになったのだという。

父親とはお世辞にも良好な関係ではなかったので、当然のごとく彼女は母親と一緒に暮らすことになった。

元々共働きの家庭で、母親も正社員として働いていたので、特に生活が苦しくなるようなことはなかった。

それどころか、離婚して二人で暮らすようになると、母親はそれまで以上に高価な物を頻繁に彼女に買い与えるようになった。

そして、もう一人の母親はというと、引っ越してからも相変わらず彼女に付いてきており、次々と高価な物を買い与えられる彼女の様子を見るたびに、不安げな表情を見せていた。

だが、なぜそんな不安そうな顔をするのか、当時の彼女はまるで理解できていなかった。


ある夜、彼女は真夜中に大きく揺り起こされた。

とにかく眠くて、部屋の中には異臭が充満し、ほとんど息ができなかった。

目の前にはもう一人の母親の顔があった。

なぁに？　もう、いいよ。

このまま寝ていたいの……。

だから放っておいて……。

声にならない声でそう呟くと、もう一人の母親は鬼のような恐ろしい顔になり、彼女を強引に引きずっていった。

薄れゆく意識の中で、
こんなに恐ろしい顔は初めてだな……。

でも、なんでこんなに怒っているんだろう?

そんなふうに考えていた。


彼女が意識を取り戻したのはそれから二日後のことだった。

警察からは母親による無理心中だと聞かされた。

何がなんだかよくわからなかったし、頭の整理もついていなかった。

しかし、病室の中にはいつものようにもう一人の母親の姿があり、心配そうにずっと彼女を見守っていた。

その姿を見るまでは、実はこう思っていた。

別にお母さんと一緒に死んでも良かったのかな……と。

しかし、もし一人の母親の心配そうな顔を見ていると、やっぱり死ななくてよかったんだと思えるようになったという。

その無理心中で生みの母親は死んでしまい、彼女にはもう一人の実体のない母親だけが残った。

しかし、なぜかそれほど寂しさは感じていないのだという。

「別にどちらのほうが愛情深かったかとか、私自身がどちらに依存していたのかとか、そういうのは関係ないんです。実の母親は私と無理心中しようとし、きっともう一人の母親はそれを止めてくれた。どっちがいいとか悪いとかもない。どちらの母親も私にとっては大切な母でした。でも、私を常に見守ってくれ、時には厳しく導いてくれているもう一人の母親がいてくれて良かったな、と今では心から感じています」

ここまで聞くと悪い話ではないように思えるが、実はそんな簡単な話ではない。

嬉しそうにそう語ってくれた彼女には現在、母親だと名乗るモノが全部で三体いるのだという。

それをまた嬉しそうに話す彼女には、何か薄気味悪さと猛烈な違和感を抱かずにはいられない。

それらの母親の姿は……。

者ではなくモノと表記し、三一人ではなく三一体と書いたことからご想像いただければ、と思う。

戻り恵比寿

榊さんは医療機械の会社に勤める三〇代の会社員。

会社にはちょうど一〇歳年上の先輩男性がいて、よく話をした。お互いに釣りが趣味ということもあり、何かと世話を焼いてもらっていたという。

ただ、榊さんには奥さんも子供もいたが、先輩のほうは四〇代にしていまだ独身。それというのも仕事以外の時間はすべて、釣りに注ぎたいタイプの人であったからだ。

彼には釣りさえあれば、家族というものは不要だった。

休みになれば朝早くから釣りに出かけ、泊りがけの釣りも珍しくない。

榊さんも先輩のような己の趣味に生きる、自由気ままな生活に憧れたこともあったが、何度か一緒に釣りに行くうちに、そんな思いは消えた。

それどころか、「もう一緒に釣りに行くのはやめておこう」という気持ちにさせられたそうだ。

とにかく先輩は釣りに対してストイックで、他のことは眼中になかった。

それだけならばただの釣りバカとして見て見ぬフリもできたが、彼の場合は釣りのためならば周りの意見もルールも一切守らないという、度の過ぎた傍若無人さがあった。

それは釣り仲間に対しても同じで、自分の釣果や楽しさが最優先事項で、周囲への気遣いは皆無だった。

そんな彼の行動に少々嫌気がさしたのだという。

これは一緒に釣りに行くことはなくなったものの、まだ表向きには彼と親しく釣りの話ができていた頃の話である。


ある週末、彼はいつものように釣りに出掛けたという。

いつもの釣り場に行き、いつもの釣り船に乗り込んで、一人で思う存分釣りを楽しむ予定だった。

ただ、その日の漁港はいつもと様子が違っていた。

早朝、魚港に到着し、顔馴染みになっている釣り船の船頭さんに声を掛けたのだが、何やら様子がおかしい。

いつもなら気軽に挨拶を返してくれるのだが、その時は申し訳なさそうな顔で彼にひょこりと会釈してきた。

船頭さんは彼に向かって
「すまないけど、今日は船は出せなくなったから」

そう言い難そうに伝えてきた。

だが、その日は波もなく晴天。

これ以上はないというほどの釣り日和だった。

「なんで？　波も穏やかだし天気が崩れる心配もないよね？」

彼は楽しみにしていた予定が突然狂わされたことにイラつき、問いただすように詰め寄った。

船頭さんはまたしても言い難そうに、だがきっぱりと首を横に振った。

「悪いが、船は出せない。今日は〈戻り恵比寿〉が出たんだ。戻り恵比寿が出たらその日は漁も釣りもしちゃ駄目なんだ。だから漁港の漁師もすべて今日の漁は取りやめたよ。勿論、釣り人も同じだ」

そう返してきたという。

〈戻り恵比寿〉という言葉を聞いたことがなかった彼は、すぐにこう聞き返した。

「おやっさん、戻り恵比寿って何のことだ？」

すると船頭さんは小さな声で

「水死体だ……水死体があがったんだよ……」

そう返してきたという。

そして、言い聞かせるように彼に向かってこう続けた。

「いいかい？〈戻り恵比寿〉が出た日はとにかく殺生をしちゃいけないんだ。だから漁も釣りも絶対にしちゃいけない。それがこの漁港のルールなんだよ」

悪いことは言わないからあんたも今日はこのままおとなしく帰ったほうがいい。

そうしないときっと悪いことが起こるよ、と。

たしかに水死体があがったと聞けば気持ちの良いものではなかった。

しかし、そんな言い伝えのような非科学的なルールで自分の楽しみを奪われることに彼はどうしても納得ができなかった。

だから彼は何度も船頭さんを説得しようと試みたが、頑として首を縦に振らない。

しかし、彼としてもその日の釣りのために新たに釣り竿やリールを買い込んできたこともあり、それを試さずに帰ることなどできるはずもなかった。

だからその日は釣り船には乗らず、ひとけのないテトラポットから勝手に釣りを楽しむことに決めた。

釣り船で沖に出て釣るのと陸地から釣るのとでは釣果にかなりの開きがある。

それは彼としても十分理解していたが、漁港の古くさいルールに納得できなかった彼は意地になってしまい、小魚でもいいから釣果をあげたかったようだ。少なくとも新しい道具を試すことはできる。

そうしてテトラポットに隠れるようにして始めた釣りであったが、すぐに大物が入れ食い状態で釣れ始めた。

釣り船で沖に出たとしてもなかなか釣れないような大物が次々に釣れたのだという。

すぐに釣った魚を入れておくクーラーボックスが一杯になった彼は満足し、さっそく船頭さんの所へ戻ってきて自慢した。

感心されると思っていた彼だったが、船頭さんの反応は予想外のものだった。

あんた、まさかここで釣りをしたのか？

あれだけ言ったのに……。

もうあんたのことがどうなっても知らんからな！

二度とここへは顔を出さんでくれ！

そう顔を真っ赤にして激怒されたという。

しかし、そうまで言われても彼は我関せずといった感じで、反省など微塵もしていなかった。

その証拠に、その時の出来事を面白おかしく榊さんに語って聞かせたそうだ。

「まったく、あんな迷信を信じてるから馬鹿を見るんだよ。水死体があがったからどうだっていうんだ？　結局、釣りは釣った者勝ちなんだよ！」と。

それからも彼は週末になると釣りに出掛ける日々を過ごしていた。

実際、あの戻り恵比寿の日の釣り以来、不思議なほどに釣果に恵まれ続け、彼の釣りへの執着はどんどん強くなっていったように見えたという。

ところが、そんな彼は一年ほど経ったある日、忽然と姿を消すことになった。

いつものように週末の早朝から釣りに出掛けた彼。

天候も問題なく、波も穏やかだったそうだ。

彼が姿を消した釣り場には、自慢の釣り竿や釣り道具がそっくりそのまま残されていた。

かなり大規模な捜索が行われたが、結局彼の行方はわからないまま遺体すら見つかってはいない。

警察の見立てでは、波に浚われたのだろうということだったが、その時彼が釣りをしていたのは夏になれば海水浴客で賑わうような砂浜だった。

何より現場には他に釣りをしていた者もいたそうで、確かに彼が釣りをしている姿が目撃されていた。

しかし、ほんの数秒、周囲が視線を逸らした後、彼の姿は忽然とその場所から消えていたという。

それから何度か彼が行きつけにしていた港にも〈戻り恵比寿〉があがったそうなのだ

が、それはすべて彼とは別のものだった。

つまり彼の遺体は今も見つかっていない。

それもそうなのだろう。

漁港の言い伝えでは、〈戻り恵比寿〉の禁忌を犯した者はそのまま連れていかれ、二度と戻ってくることはないそうなのだから。

降り続く

下田さんがその不可解な現象に気付いたのは今から一年ほど前。

それまで住んでいたマンションから一念発起して、一戸建てに引っ越してきた矢先のことだった。

熱帯夜が続き、寝苦しい夜を過ごしていたこともあり、毎晩風通しが良くなるようにと二階の窓はすべて開けたままにして眠っていた。

天気予報でもずっと晴れが続いており、雨が降る心配など微塵もなかった。

そんなある夜、彼は突然降りだした雨の音に目を覚ました。

ぼんやりした頭でベッドの上に上半身を起こした彼は、ハッとしてベッドから飛び起きた。

二階の窓はすべて開けっ放しになっている。

早く窓を閉めないと、雨が家の中に吹き込んできてしまう。

部屋から廊下に出ると、急いで窓へ駆け寄った。

しかし、そこで見た光景に彼はぽかんとしてしまった。

窓から見える外の様子は、雨など少しも降ってはいなかった。

窓に水滴が付着していることすらなかったし、何より空には星がきれいに見えていた。

外を走る車の音からも、濡れた路面を走っているタイヤの音は聞こえなかった。

ただ、彼の耳には依然として雨が屋根に当たる音が聞こえ続けている。

彼がバタバタと廊下を移動した音を聞きつけて奥さんや息子さんも起きてきたらしい。

眠そうな声で、

「ありがとう、窓閉めてくれたのね。天気予報だと雨なんか降らないはずなのに……」

と声を掛けてきた。

それを聞いて、彼は少しだけホッとした。

雨の音が自分にしか聞こえていないとしたら、自分の耳がおかしいということになってしまう。

「あ、だよな？　はっきり聞こえてるよな？　雨の音」

彼がそう言うと奥さんは、

「やだ、何言ってるの？　現に今も降り続けてるじゃないの……」

そう言って窓に近づき、外を見た奥さんもその場で絶句してしまったという。

「うそ……なんで？」

そう言ったきり、思考停止状態に陥ってしまっている。

いったい何が起こっているのかさっぱり理解できなかったが、家族全員が屋根に降り続く雨の音が聞こえていることと、実際には雨など降っていないという事実だけは確認できた。

「ねえ、私たち、全員が寝ぼけてるのかな？　とりあえず窓だけ閉めてさっさと寝ましょ！」

そんな奥さんの言葉に彼も息子さんも自分の部屋に戻り、そのまま眠ることにした。

しかし、結局朝まで一睡もできず、彼は先程の不可思議な現象ばかりを考えていた。

——どうして降ってもいない雨の音が家族には聞こえ続けているのか？

しかし、答えなど見つかるはずもなく、彼はずっと耳の中で降り続けている雨の音を聞きながら、夜が明けるのを待つしかなかった。


朝になると雨は止んでいた。

いや、雨の音は聞こえなくなっていた。

彼は家の外に出て、家の壁や玄関、小さな庭などを見て回ったが、やはり夜に雨が降った痕跡などどこにも見つけられなかった。

その日は彼も奥さんも息子さんも仕事に行った。

雨が降った痕跡が残っていない以上、これ以上考えても仕方がなかった。

念のため、彼は仕事中にわざわざ地元の気象台にも電話をして、昨晩雨が降ったかを確認したらしい。だがやはり、昨晩は一ミリの降水も確認できておりません、という返事が返って来るだけだった。

もうさっさと忘れてしまおう、と仕事に没頭していた彼だったが、突然の電話で現実へと引き戻された。

「ねえ！　家中の蛇口から水が流れっぱなしになってたの！　夕方帰ってきて気が付い

たんだけど知らないよね？」

という奥さんからの電話だった。

勿論、彼には心当たりなどなかったが、嫌な予感がしてすぐに仕事を切り上げて自宅へと戻った。

急いで帰宅してリビングに行くと、奥さんがぐったりした様子でうなだれていた。

時刻は既に午後六時を回っていたが、奥さんは部屋の明かりも点けずにリビングの真ん中でへたり込むように座っていた。

「どうしたんだ？　大丈夫か？」

彼がそう声を掛けると、奥さんはハッと我に返ったように彼を見て泣きそうな顔になった。

「水道はぜんぶ止めたわ。いつから流れっぱなしになっていたのかはわからないけど……。でも、そんなことよりもほら！」

そう言って天井を指さす奥さんの視線を追って、彼もアッとなった。

また、雨の音が聞こえている……。

昨夜よりも強く、屋根に叩きつけるように降る雨の音がした。

彼は急いで玄関から外へ出てみた。

心の中で、雨よ降っていろ！　と願をかけながら。

しかし、外に出た彼を迎えたのは昨夜と同じ、星の煌めく夜空だった。

雨などまったく降ってはいない。

その夜も家の中の雨はずっと降り続き、朝になるとピタリと降り止んだ。

彼は翌日、仕事を休んで住宅メーカーに相談した。

しばらく待っていると業者らしき人が来て、家の中を点検しますと告げられた。

この家に引っ越してきてから、雨など数えるほどしか降っていなかった。

だから、業者も適当に点検して「どこにも異常は見つかりませんでした」と返してくるだけだと思っていた。

しかし業者からの結果報告は意外なものだった。

「ご家族三人で暮らされているとのことですが、他にも同居人とかはいませんか？　たとえば屋根裏部屋に住まわれているですとか……」

そう尋ねられたが、彼には思い当たる節などあるはずもなかった。

「あの……どういう意味でしょうか？」

そう聞き返すと、業者は少し言い難そうに視線を泳がせた。

「いえ、心当たりがないのでしたら気にしないでください。この家は屋根裏に簡単に行き来できるような構造ではありませんので、普通ならありえないことですから……。それよりも、もしかしたら屋根から雨漏りしているのかもしれませんので、すぐにメーカーさんに言って対応してもらえるように進言しますので！」

そこまで聞いた彼は、妙な違和感を覚えてすぐにその業者に尋ねてみたという。

「あの、屋根裏に何があったんですか？　僕らはこの家に住み始めてから、屋根裏なんかには一度も上がったことはありませんが……」

すると、業者は少し口ごもってから、真面目な顔でこう教えてくれた。

「今から話す内容は住宅メーカーさんには内緒にしておいてほしいんですけどね。屋根裏は床も屋根も壁も、すべてがぐっしょりと濡れてまして……。床なんか、水たまりができているほどなんです。それに、もっと不可解なのは誰かが屋根裏に棲みついているとしか思えない様子でして……。別に食べ物の残骸が残されているとかではないんですが、なんと言うか……明らかに誰かが屋根裏で寝起きしているみたいで……。濡れた薄い毛布とコップが置かれていました」

でも、簡単に出入りできるはずがないんですけどね……。

業者は首を傾げつつ、最後にそうつぶやいた。

その後、業者からの報告を受けた住宅メーカーが屋根の確認と屋根裏の清掃、そして乾燥材による湿気取りを行ってくれた。

しかし、それで雨音が聞こえなくなることはなかった。

むしろ雨音はより強く、そして朝になっても聞こえ続けるようになってしまった。

屋根から雨漏りがしている訳でもなく、屋根裏には大量の乾燥材が敷き詰められているにも拘らず、天井には雨の染みが広がり、柱も湿気で腐り始めたそうだ。

さらには屋根裏から誰かが忙しなく歩き回る音が聞こえるようになり、ある日曜日の昼間、二階の天井に吸い込まれるようにして消えていく女の姿を視たのを機に、彼ら家族はその家に住み続けるのを断念することにした。

除霊をしても、お祓いをしても、まったく変化が見られなかったことも付け加えておく。

現在、その家は不動産会社を通じて売りに出されているらしいが、内見に来た客の誰もが家の中だけで聞こえる雨音を気持ち悪がって、いまだに買い手は付いていない。

その家では今もきっと雨音が聞こえ続けているのだろう。

そして、じっとりとした湿気で確実に家が内部から腐っていっているに違いない。

人ならざる何かの仕業によって……。

異界への入り口

日本には全国に「あの世への入り口」とか、「あの世との境界線と」呼ばれる場所がいくつも存在している。

無論、それはあくまで伝承的な言い伝えであり、実際にその場所を使えばこの世とあの世を行き来できると本気で考えている者はまずいないだろう。

あの世というものが本当に存在しているかは誰にもわかるはずもないし、たとえ実在していたとしても、あの世とは死んで魂になってから行く場所にほかならないのだから。

ただ、俺は異界というものは確実に存在していると思っている。

それはパラレルワールドと言われるものかもしれないし、まったくの別次元の世界なのかはわからないが、少なくともこれまで俺が聞き集めてきた方たちの体験談から考えれば、異界というものが実在するとしか考えられないのである。

田尻さんは大阪府にお住いの四〇代の女性。

バツイチではあるが子供もおらず、生活にはそれほど困っていないという。

そんな彼女は現在、一五階建てのマンションの一階に住んでいる。

というのも、彼女は過去のトラウマによってエレベーターに絶対に乗れないのだ。

だからわざと一階を選んで住んでいるし、大型の商業施設に行ったとしてもエスカレーターか階段以外は絶対に使用しない。

彼女は幼い頃、大阪市郊外のマンションで暮らしていた。

両親は共働きだったから、学校が終わると一人で母親が帰って来るまで待っているしかなかった。

友達と遊べる日は問題なかったが、一人でマンションの部屋にいるのは気が滅入るので苦手だった。

だから、夕方まで一人きりで過ごさなければいけない日には部屋から出て、マンション内を探検しながら時間をつぶしていたようだ。

そんな彼女が特にお気に入りだったのがエレベーター。

平日の昼間から夕刻までの間、エレベーターを利用する住人はほとんどおらず、まさに彼女専用の遊び道具になってくれた。

ボタンを押せば好きな階まで彼女を運んでくれたし、機械の作動音も、自分がエレベーターという大型の装置を操作している実感が得られて、とても楽しかった。

だから彼女は一人きりになると、ずっとエレベーターに乗ったまま上に行ったり下に行ったりして遊んでいた。

たまに誰か大人が乗り込んできたとしても、「こんにちは〜」と挨拶すれば、ニコニコと挨拶を返されるだけで怒られることもなかったという。

ある日の午後、彼女は学校が終わるといつものようにエレベーターを使って遊ぼうと決めた。

ただその日のエレベーター内はなぜかいつもよりも照明が暗く感じられた。

それでもいつものように階数ボタンを押そうとして思わず目を見開いた。

階数ボタンにまったく数字が書かれていなかったのだ。

そのマンションは一階から八階まで八つの数字が書かれており、一番下に駐車場になっている地下一階を示すＢ１のボタンがあった。

そのどれもが消えており、ただ透明のボタンが縦に並んでいるだけだった。

たしかに、「なんでだろう?」とは思った。

だが、既にボタンと階数の場所はしっかりと記憶していたし、エレベーターを操作する上では何の問題もなかった。

彼女はいつもより少しドキドキしながらエレベーターに乗り込んだ。

階数が書かれていないだけでなんだかとてつもない冒険をしているような気分になってくる。

しかし、そんな余裕があったのもそこまでだった。

どのボタンを押しても、エレベーターは彼女の予想通りの動きをしなかった。

しかもピーンという音を立ててエレベーターは止まるが、いっこうにドアは開かない。

仕方なく「開く」のボタンを押してもエレベーターは停止したままで、ドアは開こうとすらしなかった。

彼女は何度も違うボタンを押しエレベーターを上下させたが、どの階に着いても同じ。

ドアは閉じたままだった。

しかも、予測とは違う動きをするので、エレベーターが現在何階で停止しているのかも次第にわからなくなった。

そうして彼女が途方に暮れていると、今度はエレベーターが勝手に降下しはじめた。

階数ボタンを見ると、一番下のボタンが白く光っている。

誰かが地下一階からエレベーターに乗ろうと思ってボタンを押したんだ！

だったら、その時に私が降りちゃえばいいじゃない！

そう思った彼女は、ようやく肩から力を抜いた。

しかしエレベーターの動きが明らかにおかしいことにすぐに気付いたという。

もしも八階に停まっていたとしても、そこから地下一階まで降りるのにかかる時間はせいぜい三〇秒程度。

それなのに降下し始めたエレベーターは一度も停まることなくずっと降下を続けていた。

三〇秒どころか一分経っても二分経っても、いっこうにエレベーターは降下を止めようとしない。

彼女は恐ろしくなって、とうとう泣いてしまったという。

自分はいったいどこへ連れていかれてしまうのだろうか？

もう戻れないのだろうか？

そう考えると不安と恐怖で涙が止まらなくなった。

どれくらいの時間が経ったのか、もう彼女にはわからなくなっていた。

次第に降下する速度が落ちてきて、エレベーターは降下を止め停止した。

そして当たり前のようにエレベーターのドアが開いた。

扉の向こうには真っ暗な空間が広がっており、明らかにいつもの地下駐車場の景色とは別モノだった。

彼女は開いた扉を閉めようと必死に「閉まる」のボタンを連打した。

そして、①と書かれていたはずのボタンを連打した。

しかし、扉は開いたままで、エレベーターもまったく動き出そうとはしなかった。

そうしているうちに、目の前の暗闇にぽぅっと浮かび上がる弱々しい光が見えた。

それはまるで火が消えかかった提灯のような明かりに思えた。

明かりはゆっくりと、まっすぐに暗闇の中をこちらへと近づいてくる。

彼女は生きた心地がしないまま、ただガタガタと震えているしかなかったという。

目を瞑ってエレベーターの一番奥の隅っこにへたり込んで、一心に「お母さん、助けて！」と心の中で叫び続けていた。

すると、大きな子供の声が聞こえた。

目を開けるとエレベーターの扉のすぐ外に男の子が立っており、彼女をじっと見つめていた。

そして、

「おや、人違いか……。でも、せっかくだから一緒に来るか？」

と聞いてきたという。

彼女は何も言葉を発せないまま、首だけを何度も横に振ったという。

すると、その男の子は、

「まあ、まだかなり残ってるから来たくないよね……わかった」

と返してきたという。

そして、その声と同時にエレベーターの扉が閉まり、ゆっくりと上へと動き出した。

それからずっとエレベーターは上昇を続け、彼女は知らぬ間に気を失っていたそうだ。

気が付いた時には救急車の中で必死に声をかけられていたそうだ。

彼女は病院に運ばれ、そのまま検査を受けた。

幸い体には何の異常もなく、両親が迎えに来て帰されたそうなのだが、なんと彼女は二日間ものあいだ行方不明になっており、捜索願いまで出されていたのだそうだ。

彼女としてはエレベーターの中にいたことしか覚えてはおらず、警察にもそう説明したらしいのだが、エレベーターの監視カメラには彼女の姿は一切映ってはいなかった。

エレベーターのボタンにはいつものように階数の数字が書かれていたし、無人のエレベーターが勝手に動き続けていたという記録も残されてはいなかった。

彼女はあの日、何の世界と繋がっているエレベーターに乗ってしまったのか？


余談だが、彼女が行方不明になっていた二日間の間に、同じマンションに住むお年寄りが部屋で急死しているのが見つかったそうだ。

あの時、もしもエレベーターから降りていたら、彼女はどうなっていたのか？

男の子の発した「人違い」という言葉と、老人の死は関係があるのだろうか？

真実は不明である。

ただ、あの時乗っていたエレベーターは間違いなくいつも使っているエレベーターだった。

だとしたら、普通のエレベーターがいつ異界と繋がってしまうのか誰にもわからないし、確実にそんな瞬間は存在しているのだと、彼女は身をもって体験している。

そう考えると恐ろしくて、彼女はそれ以来二度とエレベーターには乗れなくなったそうだ。

パラレル

これは静岡県に住む弓田さんという二〇代の女性が体験した奇妙な怪異になる。

それは何の前兆もなく、ある日突然彼女の前へ現れた。

フリーランスのウェブデザイナーとして仕事をしている彼女は、基本的に外に出ることも稀で、その必要性も感じていない。

欲しい物はネットで購入し、買い溜めしておいた冷凍食品やインスタント食品、そしてデリバリーで食事も済ませてしまう彼女には、基本的に外へ出る必要は皆無だった。

元々、内向的な性格から独学でウエブデザインを勉強し、それを生業として生活していけるようになったのも、裏を返せば、他人とコミュニケーションをとるのが苦手な性格のお蔭だったともいえる。自分の性格をきちんと把握し、自分に合った無理のない生き方を選択した彼女は賢い女性だと思う。

そんな彼女が外出するとすれば、直接対面での用事があるか、もしくは仕事が一段落して気分転換のために外を散歩する時くらいのものだった。

ある日、彼女は自宅マンションの近くを流れる小さな川沿いを散歩していた。

それは仕事で疲れた時のいつものルーティンであり、いつもと同じ散歩コースだった。

しかし散歩を始めてしばらくすると、彼女はすぐに異変を感じた。

いつもの昼間の街の風景とは明らかに違っていた。

どれだけ歩いていても、誰ともすれ違わない。

いや、人の姿を一人も見かけないどころか、車さえ一台も走っていない。

決して都会の繁華街に住んでいる訳ではなかったが、ここまで生気の感じられない町の様子は初めてだった。

次第に焦りを感じた彼女は早足になって、それから延々と歩き続けた。

いつもの店が建ち並び、何軒かのコンビニがあるのはいつもの風景となんら変わらなかったが、その風景の中に人も車も犬も猫も、ようは生きている存在が何もいない。

立ち止まって店の中を覗くも、中には誰もいない。

店内の明かりは点いているのに、従業員もお客も一人もおらず、入り口のガラス戸は鍵がかかっているのか開けることはできなかったし、自動ドアの前に立っても何の反応もなかった。

歩いていても聞こえてくるのは自分の足音とどんどん速くなっていく心臓の鼓動だけ。

何かがおかしい。

明らかにいつもとは違う。

自分以外の生き物がすべて消えているのに、街中の店ではすべて営業中のように照明が点いており、大型のLED掲示板には知らない商品の広告が延々と流され続けている。

自分の頭がおかしくなりそうになった。

吐き気すら感じた彼女は、慌ててその場から走り出した。

そして、自宅マンションに無事に辿り着くやいなやその場にへたり込み、しばらく放心状態になっていた。

自分の部屋に戻って来る間も誰にも会わなかった。

強い不安を感じ、自然と涙が流れ出す。

その涙がようやく止まり、少し気持ちが落ち着いた彼女はすぐにその場でできる確認事項をやってみる。

まずはテレビ。点けてみたが、どのチャンネルも何も映らず、砂嵐のような画面が流れるだけだった。

スマホを取り出し電波を確認すると、圏外を示しており、片っ端から電話をかけまくってみたが、コール音は聞こえるものの誰も電話に出る者はいなかった。

いつも使っているパソコンさえ、ネットの閲覧やメールの送信が一切できなくなっている。

そうなった時点で彼女に思いつくことはひとつしかなかった。

とにかく寝よう。

これはきっと悪夢なんだ。

寝て目が覚めれば、きっといつもの日常が戻っているはず……。

そう思い、彼女はすぐにベッドに潜り込んだ。

頭から毛布を被るようにして、できるだけ何も考えないようにしたかった。

興奮した脳はなかなか眠りに落ちてくれず、眠りが訪れるまでだいぶ時間がかかったように思う。

それでも日頃の疲れと真っ暗な布団の中は、いつしか彼女を深い眠りへと導いてくれた。
どれだけの時間、眠り続けていたのだろう。
寝ても寝ても波のようにまた眠気が襲ってきて、その度に深い眠りの中に落ちていく。
そんな中、どこからか聞こえてくる音に彼女は突然目を覚ました。
布団から顔を出すと、既に部屋の中は真っ暗になっており夜なのだとわかった。
時計を見ると、時刻は既に午前二時半。
そしてどこからか聞き慣れた音が聞こえていた。
彼女はベッドから起き上がると部屋の明かりを点けた。
聞こえてくる音がいったい何の音なのか思い出そうとした。
音は玄関の外、マンションの廊下のほうから聞こえてくる。
そこで、ああ、これは洗濯機の音だと気付いた。
誰かが……いる？
元の世界に戻ってこられたのかもしれない。
そう期待したがすぐに冷静に考えてみた。

彼女のマンションには廊下に洗濯機など置かれていなかったし、そんなことをすればすぐに管理人から注意され撤去を命じられるはずだ。

当然、自分の部屋があるフロアに洗濯機が置かれているところなど一度も見たことがなかった。

彼女は静かに玄関へと進むと、廊下の様子を窺うため、できるだけ静かに玄関ドアを開け、隙間から顔だけ出して辺りを見渡した。

すると廊下の右側の突きあたりにある非常階段への出入り口ドアの傍で、確かに洗濯機が動いておりその前には見たこともない何かがいた。

それは、明らかに女性の後ろ姿だった。

ネグリジェのような白い服を着た女が、今まさに稼働している洗濯機を上から覗き込んでいた。

しかし、その女は明らかに大きすぎた。

体は細かったが、その身長は優に二メートル以上はあった。

とりあえず自分以外の誰かがいることに一瞬安堵した。

しかし、あんな女はマンションの住人の中にはいなかったし、洗濯機だってこれまではそこにあった記憶はない。

何より背が異様に高い女がネグリジェ姿で突如として現れ、廊下に置かれた洗濯機を覗き込んでいる姿はとても気味の悪い光景だった。

声を掛けようかと思案していたが、そんな必要はなかった。

突然その女が奇妙な動きでこちらへと振り向いた。

その手元を見て、心臓がぎゅっと縮まった。

女性の両手には小さな赤ちゃんのようなものが一体ずつ握られていた。

それが人形なのか、それとも本当の赤ん坊なのかは距離もあり、判別がつかなかった。

しかし、その光景は彼女を恐怖の底へと突き落とすには十分すぎるものだった。

逃げなければ！

咄嗟にそう判断した。

しかし、そこで彼女は予想外の行動に出てしまう。

そのまま部屋の中に入り、玄関のドアを閉めるという行動はとらず、そのまま廊下へ飛び出ると一気にエレベーターのほうへと走った。

どうしてそんな判断をしてしまったのかは上手く説明できないが、なぜかその時そのまま部屋の中に隠れてしまったら最期になってしまうという確信があった。
エレベーターに乗り込んだ彼女は先程の女が追いかけて来ていないのを確認すると
ホッと胸を撫で下ろした。
エレベーターは一階へと到着し、ドアが開く。
しかし、急いで外へ出ようとした彼女は入り口の自動ドアがまったく開かないことに
気付いた。
自働で開かないのなら自力でこじ開けようとしたがびくともしない。
その時背後でエレベーターの動作音とともに再びドアが開くような音を聞いたという。
ハッとして振り返った彼女が見たのは、エレベーターの中から大きく屈みながら彼女
がいるエントランスへと出てこようとするあの背の高い女だった。
マネキンのような無表情の顔。
しかし、その目はしっかりと彼女を捉えているのがわかった。
マンションのドアの外には深夜というのに沢山の建物の明かりが灯り、外には走り去
る車のライトも見えた。
もう少しで戻れたかもしれないのに……。

絶望のあまり、そのままその場にへたり込んだ彼女。

なぜかもう逃げようとは思わなかった。

その時、ふと自分の手に部屋の鍵が握られていることに気が付いた。

彼女は滑るように近づいてくる女には目もくれず、すぐ近くの壁に持っていた鍵で力任せに文字を刻んだ。

『20161123　UT』

それは今日の日付と自分のイニシャルに他ならなかった。

どうしてそんなことをしたのかは今となっては自分でもわからないという彼女。

その後、目の前に女の大きな顔が近づいてくるのを見た瞬間、その場で意識を失った。

もう、自分は死んだと思った。

この世から消えてしまうのだと思っていた。

しかし、彼女は早朝、管理人さんに慌てて揺り起こされた。

大丈夫ですか？

どうしてこんな所で倒れてるんですか？

そのまま救急車を呼ばれ病院へ搬送された彼女だったが、精密検査の結果、体にも脳にも異常は見つからずそのまま帰宅することになった。

そして再び自宅マンションに戻って来た彼女は玄関に自分が刻み付けたはずの文字が跡形もなく消えていることに気付き、あれはすべて悪夢に過ぎなかったんだ、と自分に言い聞かせたが、それでもすぐに不動産屋に行き、数日後には別のマンションへと引っ越した。

あの日の悪夢を忘れるために。

それから何度かの引っ越しもしたが、怪異が起こることは一切なかった。

他人とのコミュニケーションが苦手だと言っていた彼女も、知人から紹介された男性と知り合い、数年後には結婚することになった。

夫の希望もあり、彼の母親との同居で新婚生活が始まることになった。

そして、その家に荷物を運び入れる際、彼女はあるものを見つけて卒倒しそうになった。

『20161123　UT』

その文字がかなり築年数の古い家の玄関の柱にはっきりと刻み付けられていたそうだ。

結婚してから二年ほど経つらしいが、特に怪異は起こってはいない。

しかし、最近、何か違和感を覚えることがあるのだという。

それは夫の母親、つまりは義母の笑顔だ。

まるでマネキンのようにいつも笑っている義母の顔は、あの大女のことを思い出させる。

「人間ってそんなに常に満面の笑顔でいられるものなんでしょうか？」

そう聞かれたが俺には何も答えを返すことはできなかった。

一人だけ

三島さんはその日、朝から体調が悪く上司の許可をもらい、午前で仕事を早退することにした。

頭痛と吐き気、おまけに眩暈と体調は最悪だったが、タクシーを利用する余裕もなかったので、いつも通りバスで帰路に就くことにした。

とりあえず風邪薬は飲んだがいっこうに回復せず、バス停でボーっとしながらバスがやって来るのを待った。

定刻より三分ほど遅れてやって来たバスに乗り、二人掛けのシートに座ると一気に体の力が抜けてしまい、そのまま意識を失うように眠ってしまった。

それから彼女は自分でも不思議なくらいに深い眠りに落ちていたが、突然の車体の揺れでハッとして目を覚ました。

最初に感じたのは頭痛も吐き気も眩暈も何も感じなくなっていたということだった。

眠っている間に薬が効いて体調が回復したんだ……。

そう思ってほっとしたが、車窓からの景色を見て思わず固まってしまった。

時計を見ると、彼女がバスに乗り込んだ時刻から二〇分ほどしか経過していなかった。

それなのに車窓から見える景色は完全に田園風景の中を走っていた。

彼女の会社から自宅までの道程に、そんな景色など一度も見たことはなかった。

もしかしたら乗るバスを間違えてしまったのかとも思ったが、運転手の横に掲示されているＬＥＤ表示には、しっかりといつも乗るバスの目的地が表示されていた。

しかも彼女がバスに乗り込んだ時にはほぼ満席状態だった車内が、今は五名の乗客しか残っていなかった。

乗り込んだバス停から二〇分程度なら、まだ降りるはずのバス停にも着いていない計算になる。

だとしたら、このバスはいったいどこへ向かっているのか？

少しずつ不安が募ってきた頃、バスは田園地帯を通り過ぎて、今度は山道へと進み始めた。

会社の周辺にも自宅の周辺にも山など存在してはいなかった。

今すぐにでも運転手の所へ行って「このバスは今どこを走っているんですか？」と聞きたかったが、そんな度胸もなくバスはどんどんと山道を走っていった。

道は狭かったが舗装はされているようで不快な揺れは感じなかったが、それでも路線バスがこんな山道を走るなど聞いたこともなかった。

どんどん不安が増していき息苦しささえ感じ始めた頃、突然バスが停車した。

運転手はバス停の名前すら告げなかったが、車窓からはバス停が見え、バスの昇降口も開いたのを確認した彼女は慌ててバスから降りることにした。

とにかくここで降りなければ大変なことになる……。

なぜかそんな考えが頭の中を駆け巡っていた。

そして彼女がバスを降りると、続けて二人の乗客もバスを降りてきた。

その二人の乗客もかなり焦った表情をしており、切羽詰まってこのバス停で降りたのが伝わってきた。

彼女と一緒に降りたのは会社員らしき男性と、七〇代くらいのおじいさんだった。

「あの、すみません……ここってどこなんでしょうか？」

彼女がそう聞くと、男性会社員がバス停を眺めてから、

「いや、私にもわかりません……。バス停にも名前が書かれていないみたいだし」

と返してきた。

おじいさんはどうかと視線を向けたが、彼女以上にオロオロとして不安げな様子から、聞くだけ無駄なことはすぐにわかった。

確かに道路は舗装されていたが、その細さはとてもバスが通って行く道には思えなかった。

しかし、バスは確かに山道を先へ先へと走っていった。

辺りには民家も電線もなく、人工物と言えば舗装された道と延々と続くガードレールだけ。

「私達、これからどうします？」

山道を進んでいけばいいのか？

それとも来た道を戻ればいいのか？

彼女はそんな質問を投げかけた。

すると、男性会社員は

「まぁ、山道を進むのは論外でしょうね？　普通、山で道に迷ったらその場所から動かないのが鉄則らしいですけど、このままここで待っていても帰りのバスは来るんですかねぇ？」

と聞き返してきた。

彼女は必死に考えた。

この場所で待っていてもしも帰りのバスが来なかったとしたら最悪だ。

それならば徒歩で少しでも来た道を戻ったほうが得策なのではないだろうか。

二人にそれを伝えると、ともに賛同してくれて、三人で山道を下りていくことにした。

歩き始めてからかなりの時間が経った。

それでも山道は延々と続いており、街の灯りさえ見えず、平地に近づいているという実感がまるで感じられなかった。

しかも辺りは次第に夕闇が迫って来ており、夜が近いのは明らかだった。

今、何時なんだろ？

そう思って彼女は腕時計を確認した。

えっ？

思わず小さな声を出してしまった。

もしかして腕時計の電池が切れてしまったのかな？

そう思おうとしたが、男性会社員の言葉がそれを否定する。

「今頃気付いたの？　ずっと時計の針が進んでいないんだよ……。電池は切れてない。その証拠に秒針だけは動いてるだろ？」

そう言われ彼女は慌てて自分の腕時計を確認したが、確かに男性会社員の言った通り、腕時計の秒針はバスに乗り込んだ時刻を示したまま、秒針だけが進んでは戻りという動きを繰り返していた。

「どういうことなんですかね？」

彼女がそう聞き返すと、

「わからないですね……。いや、わかりたくないと言ったほうが良いのかもしれない。たぶん、僕も貴女も、そしておじいさんも同じことを考えてるんじゃないんですかね？もしかしたら自分はもう死んでるんじゃないのか？　って。でも、僕には事故に遭った記憶も怪我をしたり病気になったりした記憶もない。だから、何もわからないというのが本音ですかね……」

そう返されたという。

それでもとぼとぼと山道を下り続けていると、やがて急速に闇が広がっていき、辺りは漆黒の闇に包まれてしまった。

とりあえずしばらくはその場でじっとしながら暗闇に目が慣れるのを待つことにした。

しかし、どれだけ待っても眼が暗順応して視界が確保されることはなかった。

まさに数メートル先すら見通せない状態の中を移動するのは、自殺行為としか言えなかった。

三人で話し合った結果、とりあえずその場所に座って朝が来るのを待つことにした。

季節はもう秋だというのに、寒さも暑さも感じなかった。

その場の土手に体を預けてとりあえず座って体力の消耗を防ぐことだけに集中した。

しばらくは三人で当たり障りのない世間話をしていたらしいが、歩き疲れた彼女はすぐに眠りに落ちてしまった。

どれくらいの時間眠っていたのかはわからない。

しかし、突然体を揺り動かされた彼女はハッとして目を覚ました。

おじいさんが彼女に声を掛けてきた。

「ほら、バスが来たよ……」と。

えっ？　と思って体を起こすと、狭い道幅いっぱいに一台の路線バスが停まっていた。

しかしそのバスはここへ来るときに乗って来たバスとは明らかに違うデザインで、どこか古臭いバスに感じられた。

「ほら、早く乗りなさい」

おじいさんに言われるまま、彼女はバスに乗り込んだという。

しかし、男性会社員とおじいさんがバスに乗って来ない。

彼女はバスの窓から大声で叫んだ。

「なんで乗らないんですか？　早く乗らないとバス出ちゃいますよ！」

するとおじいさんは無念そうな顔でこう叫んだ。

「このバスに乗れるのは一人だけだ。それにわしらはもう遅すぎたみたいだ……さっさと行きなさい！」

そう言い終えるよりも早くバスの乗降口が閉まり、静かにバスが動き出した。

一瞬、自分だけしか乗れないのなら一度バスを降りて次のバスを待って一緒に乗って帰ろうかとも思ったらしく、二人がその場に取り残されたのが悲しくて仕方なかった。

その時、車窓から見たおじいさんと男性会社員の悔しそうな顔が、彼女は今でも忘れられないそうだ。

どうして自分だけがこのバスに乗れたのか？

どうしてこのバスは一人しか乗れないのか？

そもそもおじいさんが言った「遅すぎる」とはどういう意味なのか？

そんな疑問が頭の中をグルグルと駆け巡っていた彼女だが、次第に強い睡魔に襲われてそのまま意識を失ったという。


次に彼女が眼を覚ましたのは病室のベッドだった。

沢山のチューブやセンサーが体中に差し込まれており、身動きができなかったが、彼女が目を開けていることに気付いた看護師が慌てて医師を連れて戻ってきた。

どうやら彼女は歩道を歩いていた時に車に突っ込まれて、二週間ほど意識が戻らず生死の境を彷徨っていたのだと説明された。

それから三ヶ月後には退院し、普通の生活に戻れた彼女だが、あの時体験したことは決して夢ではないと確信している。

それはあの時持っていたバッグが事故現場からも見つかっていないということ。

そして彼女の時計がいまだにずっとあの時刻を示したまま、止まっているということだという。

夢ではなかったとしたら、あの時どうしてあの男性会社員とおじいさんと一緒にバスに乗り合わせたのか？

そして、あのバスに乗らなかったとしたら自分はどうなっていたのか？

今でもついそんなことを考えてしまうそうだ。

天使の素顔

坂崎さんは一年ほど前に職場の同僚女性と結婚した。

しかし今現在は転勤のため地方に単身赴任、夫婦別々に暮らしているのだそうだ。

さぞかし寂しかろうと思ったのだが、彼はとんでもないと首を振る。

なんとその転勤は彼が希望したものであり、会社に無理を言って、できるだけ遠くの支店へ転勤させてもらったのだという。

まだ新婚だというのに、どうしてそんなことをするのか？

理由を聞けば、彼は奥さんのことが恐ろしくて仕方がないのだそうだ。

別に奥さんから暴力を振るわれるわけではない。

それでは何をそんなに恐れているというのか？

その内容についてこれから書いていきたいと思う。

彼が大学を卒業して今の会社に就職した時、既に彼女はその会社で働いていた。年は同じだったが、高卒でその会社に就職していた彼女は、彼よりも四年先輩ということになる。

入社して数ヶ月も経つと、彼女が会社内で「天使のような人」と呼ばれていることに気が付いた。

なぜ「天使」なのかと言えば、どれだけ嫌なことがあっても、人から酷い仕打ちを受けても、彼女は常に笑顔を絶やさず黙って受け入れていて、陰で悪口を言うこともなかったからだという。

世の中にはそんなできた人もいるのかもしれないが、彼女の場合は度が過ぎるほどの善人だと認識されているようだった。

そもそも彼女は仕事が遅く、おまけにミスも多かったため、上司から叱責されることもしばしばであった。

上司ばかりではない。

彼女のミスのせいでとばっちりを食らった同僚たちからも疎まれ、嫌味を言われることは日常茶飯事。イジメレベルの意地悪されることも少なくなかった。

しかし、そんな叱責や意地悪もすぐに鳴りを潜めたという。

どんなに彼女をイジメても怒鳴りつけても、ただニコニコと笑っているだけでなんの反応もなく、まさに暖簾に腕押し状態だったからだ。

相手になんの変化も見られなければ、イジメるにも張り合いがない。相手にするのも馬鹿らしくなってしまったのだろう。彼が入社した時にはもう、彼女がイジメられているところを見かけることはなかった。

さらに、彼女の天使ぶりはそれだけではなかった。

イジメや叱責を受けた日の翌日、彼女は必ず体に包帯を巻いて出社してきた。

腕、手首、足、そして顔や頭というように必ずどこかに包帯を巻いた姿で出勤してくるのだ。

そんな彼女の様子を見て、会社の同僚たちはこう噂した。

叱られてもイジメられてもいつもニコニコしている彼女だが、実は相当反省し、自分を許せないと思っていたのではないか。

それで自らを傷つける自傷行為によって自分に罰を与え、戒めているのではないか……と。

そんな憶測を裏付けるように、会社内の倉庫や書庫で、彼女が自分の手を壁に叩きつけたり頭を打ち付けたりしている姿が何度も目撃されていた。

そんな彼女の姿を見るにつけ、同僚たちはちょっと危険な存在だと認識し、できるだけ近づかないようにしながら「天使のような人」と呼ぶようになったのかもしれない。

しかし、彼は少し違っていた。

元々、彼女の顔が好みのタイプだったこともあったが、それよりもどこか要領が悪く、何をやっても人並みにこなせない彼女の存在が愛おしく感じてしまい、守ってあげたくなってしまったのだ。

それに、どれだけイジメられても怒鳴られても決して笑顔を絶やさない彼女が、とても素晴らしい女性だと感じられた。

彼はすぐに彼女に告白し、結婚までとんとん拍子に進んだ。

結婚しても彼女の性格は変わらず、常に引っ込み思案であまり喋ることもなく、家でもニコニコと笑って彼の話を聞いているだけ。

それでも、彼にとって妻の存在は間違いなく癒しを与えてくれるもので、大切でかけがえのないものだったようだ。

そんな彼女の存在が癒しから恐怖に変わったのは、結婚して三ヶ月ほど経った頃に起きた、初めての夫婦喧嘩の時だった。

彼はそれまで溜め込んでいた不満を一気に爆発させてしまった。

それをいつものようにニコニコと笑って聞き終えた彼女はその直後、まるで別人のように表情を変えてブツブツと呟き始めた。

「これ以上は止めて……傷つけたくないから。

私には亡くなった母親の霊が憑いていて、常に護ってくれているの……。

これまでにも沢山の嫌な奴を傷つけてくれた……。

私がいつもニコニコと笑っているのは、そのほうが相手に対する恨みが増すからよ。

その思いが強ければ強いほど、確実に相手を傷つけられるの。

それとね……私が自分の体を傷つけていたのは自傷行為なんかじゃない。

私が自分の腕を傷つければ相手の腕を傷つけられる……。

私が自分の頭を傷つければ相手の頭を傷つけられる……。

だからひどい怒鳴り方をしたやつとか、きついイジメをしたやつには容赦なく私自身の頭を自ら傷つけたわ。

勿論、相手は死んじゃったけど……。

でも、それは私がやったことではないのよ。

すべてはお母さんが私を護るためにやってくれたことなの。

あなたも私と一緒に住んでいるんだから、もうお母さんが一緒に居ることぐらい、気付いていているんじゃないの？

理屈じゃないの。

私があなたを憎んでしまったらもう手遅れになる。

だからこれ以上、私をイラつかせないで！」

その言葉を聞いて彼は全身から血の気が引いたという。

言われてみれば結婚して以来、ずっと家の中には見知らぬ気配と言葉では言い表しがたい違和感が存在していた。

まるで視えない誰かが一緒に住んでいるような……。

だから彼女からそう話をされた時には呆気にとられながらもすぐに理解し、納得できてしまったという。


翌日、彼は出社すると仕事そっちのけであることに全力を注いだ。

それは彼女の言った言葉が本当かどうか確認する作業だ。

あらためて考えてみると、彼がその会社に入社してきた当時の上司や同僚は全員いなくなっていた。

だから本社の総務部にわざわざ出向き、真実を聞き出そうとしたそうだ。

最初は渋っていた総務部の社員も、彼の鬼気迫る勢いに根負けしてすべてを教えてくれた。

結果として彼の、いや彼女の上司だった者は二人が死亡し、三人が体の一部を欠損する事故に遭い、会社を退職していた。

彼女の同僚もまた、死亡や怪我で辞めていった者が異様に多い。

その事実を知り、彼は彼女の言葉がただのハッタリではないのだと確信し、戦慄したという。

ならば――自分はこれからどうすれば良いのか？

真剣に考え抜いた結果、彼はできるだけ遠くの支店へ即時転勤させてくれと会社に願い出た。

しかも会社からの辞令で、単身での赴任という条件まで付けてもらったという。


今現在、彼はかなり不便な土地で一人暮らしをしている。

それでも彼女と一緒に暮らすよりも気が楽なのだという。

奥さんを怒らせてしまえば死に直結する。

恐ろしい話だが、案外天使の素顔など、そんなものなのかもしれない。

しかし、それだけで危険を回避できるものだろうか？

残念ながら俺にはそうは思えない。

彼女は今、離れて一人暮らしをさせられていることに日々怒りの気持ちを溜め込んでいるような気がする。

そして、積もり積もった怒りが一気に彼に対して向けられた時、どれだけ物理的に離れていようとも、安全な場所などどこにも存在しない。

相手は彼女を溺愛し、悪霊化している母親の霊なのだから。

霊には距離など何の防御策にもならないのだ。

生まれ変わりだから

八代さんは中学校時代、クラスメイトからのイジメにあっていた。

今でもどうして自分がターゲットになったのか、その理由すら思い当たらないそうなのだが、当時の彼女にとってはまさに地獄の日々であり、何度死のうと思ったかわからないほどだったという。

最初は仲間外れにされたり無視される程度のイジメだったらしいが、それが徐々にエスカレートしていき、物を隠されたり暴力を振るわれることさえ日常茶飯事となった。

それでも彼女はいじめに耐え続け、死の誘惑をなんとか抑えきった。

彼女が思いとどまれたのは、クラスの中にもう一人イジメの対象にされていた女子生徒がいたからだ。

その女子生徒はN美という名前だった。

元々イジメられていたのは彼女だけであり、N美はイジメの被害者でも加害者でもないその他大勢の中の一人だった。

ただN美は彼女に対するいじめがエスカレートし、その他大勢が自己防衛のためにイジメに加担していく中でも決してそれに加わろうとはしなかった。

助けてくれたこともなかったし、イジメを注意してくれることもなかったが、常に中立の立場をとろうとしていたのだと思う。

イジメの主導者からどんなにそそのかされても、N美は何も聞こえないように無視し続けた。そんなN美の存在は、ある意味彼女にとっての最後の希望だった。

だが、そんなN美の頑なな態度は、イジメグループにとってはムカついて仕方のないものだったのだろう。

気が付けば、彼女がイジメを受けている時には必ずN美も同じイジメを受けるようになっていた。

彼女が教科書や筆記具、体操服などを隠された時にはN美も同じことをされていたし、頭からバケツの水をかけられた時にも横でN美は同じことをされていた。

N美と直接話すことはなかったが、彼女の存在は八代さんの精神的な救いになっていた。

自分とまったく同じイジメを受けている者がすぐ横にいる……。

それだけで心の苦しみが半分になったように思えた。

N美は彼女と違い、イジメに対しても決して屈していないように見えたという。

彼女が泣き叫んで許しを乞うている時でも、N美はじっと目を閉じてイジメの時間が過ぎていくのを待っている。

それがイジメグループにとってはさらにムカつく態度に映ったのだろう。

ある時、彼女とN美が放課後の教室でいつものようにイジメられていた時、イジメグループのリーダー的存在から彼女に提案があった。

「今からこのカッターナイフでN美の髪を切りな！　そうしたらお前は許してやるよ」

最初、その言葉を聞いた時、彼女にはその意味が理解できなかった。

しかし、イジメグループの一人からカッターナイフを手渡された時、何か自分でも説明がつかない、奇妙な高揚感が頭の中を駆け巡った。

イジメっ子らは急かすようにはやし立ててくる。

「おい！　早くやれよ！」

怒号が聞こえた刹那、彼女はN美のほうへとふらふらと近づいて行った。

N美は何人ものクラスメイトによって手足を固定され、動けないようにがっしりと押さえつけられていた。

彼女はできるだけN美の顔を見ないようにしながら、その長い髪の先端を揃えるようにして切っていった。

しかし、すぐにまた怒鳴られた。

「おい！　そんな切り方じゃ面白くねえよ！」

「もっと短く切らなきゃ笑えねえだろ！」

「早くやれ！」

そんな風に言われて、彼女は自分の動きが止まると思っていた。

さすがに躊躇して動けなくなるだろうと。

しかし、実際の彼女はイジメっ子たちの指示通りに、N美の髪を根元からザクザク切っていた。

それまでのイジメで一度も泣いたことがなかったN美が、悲痛な声で泣き叫ぶのを初めて聞いた。

しかし、そんなことはどうでも良かった。

「おい！　こいつなんか嬉しそうに髪切ってるぞ（笑）」

「面白え！　もっとやれ！」

そんな声が聞こえたが、彼女の心境はまさにその通りだった。

初めて他人をイジメることに、異様な興奮を覚えていたという。

気が付くと、N美の髪はガタガタのイガグリ頭になった。

「おい！　やればできるじゃん！　ほら、N美に感想を言ってやれよ！」

そう言われた時、彼女はいつもの状態に戻ったのか、急に自分がしたことが恐ろしくなってその場にへたり込んだ。

そんな彼女に向かってクラスメイトはこんな言葉をかけた。

「なんだよ、せっかく髪を切ってやったのに笑ってやらなきゃ可哀そうだろうが！」

彼女はその言葉に呼応するように下手な笑い声をあげた。

それで鬱憤晴らしが済んだのか、クラスメイトたちは口々にN美に声をかけながらぞろぞろと教室から出ていく。

全員が、N美に顔を近づけては、「キモっ！」という言葉を浴びせた。

クラスメイトは最後に、彼女にも同じことを要求したという。

八代さんはまたしてもその言葉に呼応し、N美の顔を見ないようにして、

「……キモっ」

という言葉を吐いた。

自分がいったい何をしているのか理解できていなかった。

ただ異常な高揚感と熱に浮かされていた。

クラスメイトが全員教室から出ていった直後、N美はまだ茫然としている八代さんを残して、その場から走り去った。

頭を両手で覆いながら……。


そんなことがあってからN美は学校に来なくなった。

N美の母親からの通報でクラスメイトによるイジメが白日の下に晒されたが、特に何も罰は受けなかった。

変わったことと言えば、それ以降は彼女に対するイジメがゼロになったということだけだ。

だが、彼女はN美に対する懺悔の気持ちに耐えきれず、何度もN美の自宅へ電話をかけた。けれども家族が取り次いでくれることはなかったし、直接N美の家に謝罪に伺った時も、玄関を開けてくれることさえなかったという。

そんなある日、突然彼女の自宅へ電話がかかってきた。

電話に出た彼女は、それがN美だとすぐにわかったという。

「ごめんなさい……本当にごめんなさい……」

それだけを繰り返す彼女に、N美は一語一語を刻み付けるように言葉を発すると、一方的に電話を切った。

「あんただけは絶対に許さないから……」

「あんたも私みたいになればいいんだ……」

そう言って……。

その二日後に、N美が自殺したという報せが担任から伝えられた。

教室内は一瞬波打ったものの、あとは意外なほどいつも通りの空気が流れていた。

彼女は吐き気を感じるほどの動揺に襲われ、午後からの授業を早退した。

それから毎晩のように彼女はN美の夢を見るようになった。

夢の中のN美は恐ろしい顔で彼女を睨みながら、

「他の奴らはどうだっていい……でも、あんただけは絶対に許さない……」

「だからさっさと忘れて……私のことは……」

と意味不明な言葉を繰り返したという。


ある日、彼女は学校の階段から突き飛ばされて大怪我をした。

片手片足を骨折するほどの大怪我だったが、そんなことはどうでも良かった。

階段から階下の廊下へ叩きつけられた彼女が振り返った時、階段の上に立って無表情に彼女を見つめていたのはN美だった。

それがはっきり視えてしまった恐怖に比べれば、骨折の痛みなどたいしたことではなかった。

階段の上に立つN美は、廊下に体ごと叩きつけられて苦しんでいる彼女に向かって艶やかに笑うと、

「キモっ!」

とだけ言ってそのまま消えてしまったという。

しかし、それ以後、悩まされていた悪夢のほうはぱったりと見なくなった。

時間の経過とともに、彼女はN美の存在自体を記憶から消していった。

結婚し、子供もできた。絵に描いたような幸せな生活。

暗黒の中学時代などなかったかのように錯覚し始めた頃、彼女はある違和感に気付き、思わずぞっとした。

生まれてきた時にはまったく気付かなかったが、一人娘が小学校に入学した際に撮った写真をまじまじと見ると、顔が明らかにN美に似ている。

正直……似すぎていた。

それに気付いてからはできるだけ長女にはN美とはタイプの違う服を着せ、髪型も変え、どちらかというとパリピな性格になるように育てたらしいのだが、中学に上がる頃

にはその容姿はN美としか思えないものになっていた。

それまでにはなかったホクロが唇の右下に現れ、右利きだと思っていたのに気が付けば左利きに変わっていた。

N美が左利きだったのと同じように……。


ある深夜のことだ。

トイレに起きた彼女は娘の部屋から話し声が聞こえてくることに気付いた。

部屋に入って様子を見てみたが、娘はちゃんとベッドで仰向けに寝ている。

なんだ……ただの寝言か……。

そう思ってほっとしたのもつかの間、しばらく様子を窺っているうちに、娘さんの目が開いた。その目は天井を睨んでおり、ぽかりと開いた口から言葉が漏れだした。

「これでやっと二人っきりになれるね……。今度は私がイジメてあげる……」

そんな言葉がはっきり聞き取れたそうである。

その年の暮れに彼女は離婚し、現在は安アパートで一人ひっそりと暮らしている。精神疾患と診断され生活保護を受けながらの暮らしである。

娘さんは寝言の日の翌日から行方不明になり、未だに見つかっていないそうだ。

けれども、彼女の声からは心配しているというよりも、どこかホッとしているような安堵感が伝わってくる。

「娘さんは……どこで行方不明になられたんですか？　まさか誘拐とかの事件にでも？」

そう聞いた俺に、彼女はただこう返してきただけだった。

「あの子はN美なんです。そしてN美はもうずっと昔に自殺してるんです。だからN美が生きてちゃいけないでしょ？」

上を向いて

俺の知人に篠田という男がいる。

彼は街中を歩く時には視線を常に下に向ける。

電車やバスに乗る際も絶対に下を向いている。

別に地面に興味があるわけではない。

要は〈相手〉の顔を見たくないのだという。

数年前に事故で生死の境を彷徨った彼は、それ以来、視たくないモノが視えるようになってしまった。

それはビルの陰から顔を覗かせていることもあれば、普通に歩道を歩いていることもある。

彼に言わせれば、繁華街を一〇〇メートルほども歩けば、必ず一人は人間ではないモノが人間に混じって歩いてくるそうだ。

それは電車やバスに乗った時でも同じことで、椅子に座っている人、吊革に掴まって立っている人の中にも、必ず一人くらいはソレが混じっている。

それらの中には見るからに気持ちの悪い、不気味な顔をしたモノもいるようで、その顔を見たくないから下を向いているのだという。

もっと正確に言えば、それらのモノと絶対に視線を合わせないために、である。

目が合うってさ、ひとつのスイッチなんだよ。

視線が合えば、必ずあいつらは付きまとってくる。別に俺は視えるだけで何もできないっていうのにさ、そいつらはしつこく話しかけてくるんだ。

「視えてるんだろ？　助けてくれよ」ってさ。

それでも無視し続けていると、今度はずっと家まで付きまとってくるんだ。

「助けられないならお前も死のうよ……」

「生きてたって仕方ないだろ？」ってさ。

その度に俺は自殺未遂をしてしまったり、高額な謝礼を払って除霊を受けたりしなくちゃいけなくなる。

だから俺は絶対に上は視ないと決めてるんだ。

下さえ見てれば絶対にそんなことはない。

これがいちばん安全なんだよ……。


そう言っていた彼がある日、大怪我をして入院した。

飛び降り自殺をした女性が、彼の上に落ちてきたのだという。

比較的低めの場所だったこととその女性が痩せていたこと、そして彼が直撃を受けたのは左肩だったこともあり、幸い命に別状はなかった。

それでも彼の左腕は二度と上げらなくなるような障害が残った。

俺も調子が良い（悪い？）時には、街中を歩いていると当たり前のように視えてしまう。

彼が言うような一〇〇メートルに一人ではなく、なんなら数メートルに一人くらいの間隔で視えてしまう。

だが、やはり人は下を見ながら生きていくべきではない。

そしてもうひとつ、もっと前に彼に教えておくべきだったと後悔していることがある。

それは、本当に危険な悪霊の類は、むしろ俯いている人間を探しているということだ。

だから俺に言わせれば、俯きながら地面ばかりを見ているほうが、危険極まりないのだ。

最も危険なモノは地面の中にいる。

それと目が合ってしまったとしたらもう助からない。

待っているのは「死」だけなのだ。

俺が見てしまう亡者のほとんどは、俯いていることが多い。

亡者と同じ景色を見て良いことなどあるはずがない。

人間は常に上を向いて生きていかねばならない。

それはつまりは「陽」の光を受けながら生きていることになるのだから。

知り合いの霊能者に言わせれば、「陽」の力を体に貯め込んでいるだけで、すべての悪いモノは近づくことすらできないのだそうだ。

そして、「陽」がなくなり「陰」の力に支配された時、人間はロクな死に方はできなくなる。

だから生きている限りは常に上を向いて、真っ直ぐ前を見て生きていきたいと俺は自分に言い聞かせている。

死亡フラグ

「フラグが立つ」「○○フラグ」などかなり以前からフラグという言葉がネット上に溢れている。

フラグの原語は勿論ＦＬＡＧであり元々はコンピュータのプログラムの世界で使い始められた言葉らしい。

ただ現在最も頻繁に使われているフラグの意味は「死亡フラグ」を代表とするような、悪い出来事が起きる気配や伏線、前触れという使い方が多い。

これについてブログの読者さんからとても興味深い話が寄せられたので、俺なりにまとめてみようと思う。

彼の知り合いに川上さんという四〇代の女性がいる。

以前は彼女、大手の生命保険会社に勤めており、そこから彼の会社に転職してきたらしいのだが……。

【フラグ一　ついでに検診を受ける】

ある時、彼女は親友のガン検診に付き添ってあげたのだが、なぜかその日は病院の検診の予約ががら空きという状態だった。

そこでその親友から「どうせなら一緒に検診を受けようよ」と強く誘われたそうだ。

彼女自身もかなり以前にガン検診を受けたきりだったので、「そこまで言うならついでに私も検診を受けてみようかな」とその場で決断し、親友と一緒に幾つかの検査を受けた。

勿論、突然ということだったので、胃カメラや大腸がんの検診などは受けられなかったそうなのだが、血液検査や尿検査、超音波など一通りの検査は受けることができた。

結果的に、一緒に検診を受けた親友は体のどこにも異常は見つからなかった。

それに対して「ついでに軽い気持ちで検診を受けた」川上さんなのだが、検査の結果、かなり疑わしい場所が見つかり再検査を受けることになった。

その再検査の結果、川上さんの体からは進行性の乳がんが見つかってしまった。

ここでのフラグは「ついでに」というワードがポイントになってしまったと彼は言う。どうやら、「ついでに」という気持ちでガン検診を受けた際には高い確率で陽性、つまりはガンが見つかってしまうものらしい。

まあ、勿論検診を受けなくても体には既にガンが発生している事実は変わらないと思うので、逆に考えれば、「ついでに」ガン検診を受けて良かったと言えるのかもしれない。

【フラグ二　個室に入院】

乳がんが発見された川上さんは当然病院に入院し、治療を受けることになった。

そんな川上さんは乳がんが発病している自覚もないくらい元気だったのだろう。

そして、かなりやり手のキャリアウーマンということも関係しているのかもしれないが、入院の際には少しくらい料金が高くても「個室に入院」することを希望した。入院中も仕事をしたかったし、プライバシーや個人の空間をというのを大事にしたかったからだ。

大部屋でなくとも、四人部屋、二人部屋という選択肢もあったと思うが、川上さんはあえて個室への入院に拘った。

勿論、他の患者さんに気を遣わなくても良いし、ノートパソコンを持ち込んで入院中もずっと仕事をしていたかったという気持ちは俺にも理解できる。

しかし、どうやらガン患者が個室を利用するというのは、最大の死亡フラグになってしまうらしい。

そもそも個室というのは数も少なく、利用料も格段に高い。

それゆえ重篤な患者さんが利用することが多くなる。

極端に言えば、病院のベッド数というのは限られているから、その個室に入院していた重篤な患者やガン患者が昼間に息を引き取り、ご遺体を霊安室に運んだ後、間髪入れずに別の新しい患者さんがその個室をそのまま利用することも当たり前のことになる。

勿論、重篤な患者さんやガン患者さんに限られるらしいが。

そして、川上さん自身もその日に亡くなった患者さんが利用していた個室にそのまま入院させられたのだと看護師さんから聞き、そこで初めて個室を希望したことを少し後悔した。人が死んだばかりの部屋ということに気持ち悪さも感じたそうなのだが、その時点で後悔しても後の祭りとしか言うほかない。

つまり症状が軽かろうと重かろうと、ガン患者が個室を利用するということは、それだけでかなり危険な死亡フラグになってしまうようなのだ。

【フラグ三　また明日】

その後、病院の個室に入院し治療を受けていた川上さんだが、術後の経過も良好だったのか、一時帰宅が許された。

一時帰宅した川上さんは彼に電話をかけてきたという。

「乳がんのハーセプチンって抗がん剤がとっても良い感じなのよ！

だから早く仕事に復帰したいのよね！

あ！　それと今ね、人毛のウイッグを着けているんだけど、ストレートのセミロングでねー、結構似合ってるのよ！」

とかなりハイテンションで元気が有り余っている様子だった。

そして最後に川上さんは

「それじゃまた明日……」

と言って電話を切った。

実は彼曰く、ガン患者さんが「また明日……」と言ってしまうのも死亡フラグに含まれてしまうそうだ。

だから彼も死亡フラグを気にするあまり、川上さんの無事を祈っていた。

ただ、確かに川上さんは元気だったしがん治療も上手くいっているのは彼にもよくわかっていた。

だから、「まあ、死亡フラグなんて単なる偶然に過ぎないのかもしれないからな……」と、そう思うようにした。

しかし、それからほんの数日後、川上さんはあっけなくこの世を去ってしまった。

死因はガンではなく、間質性肺炎だった。

突然苦しみだし、呼吸困難に陥った川上さんは、救急車が到着する前に苦しみながら何の対処も受けられないまま短時間で呼吸が停止し、この世を去った。

翌日には病院の個室に再び入院する予定になっていたそうだ。

川上さんの一連の発言と選択がそのまま「死亡フラグ」に繋がってしまったと彼は思っており、今では死亡フラグというのは本当に存在し、それによって命すら左右されるものと確信を抱いている。

だが、本当にそうなのだろうか？

確かに後から考えてみれば「死亡フラグ」と捉えることもできるが、そんな発言も選択も数えきれないほどあるはずだ。

確かに危険は避けたほうが無難とも言えるが、そこまで神経質になる必要もないような気がしてならない。

ただひとつ懸念されるのは、その言葉や選択というのがある種の呪いや縛りになってしまっているのではないか……ということである。

呪いや縛りの言葉、選択などというものは、案外すぐ近くに存在している場合が多いのだから。

ルール

自ら好んで事故物件に住む人は意外と多い。

勿論、安い家賃で快適な部屋に住めるから。

さすがに殺人事件の起きた部屋は避けるかもしれないが、自殺があった場所であろうと孤独死が出た部屋であろうと、お構いなしに住んでしまえる人たちはいる。彼らは事故物件を掘り出し物と思っているので、わざわざ探してきてこれ幸いとそこに住むのだ。

向田さんもそんな一人であった。

ただ、事故物件で快適に過ごすために、彼なりのルールは決めていた。

まず、事故物件を事故物件だと思わないこと。

そう思って住めば、不思議と怖い思いをしなくて済むのだそうだ。

次に、必要以上に長く住み続けないこと。

事故物件といえども、さすがに永く住み続けていると家主から家賃の値上げを打診してくる場合も多いらしい。だから彼は引っ越しが終わるとすぐに次の事故物件を探し始め、一年に一度は引っ越すようにしている。

そこにお金がかかっては本末転倒なので、友人に手伝ってもらって引っ越しができる程度の家具や電化製品だけしか持たないようにしている。

結果、シンプル極まりない部屋と生活スタイルになってしまうが、それでも十分快適だし、彼は満足していた。今はミニマリストがもてはやされる時代だ。とにかくお得感が堪らないのだそうだ。

そんな彼はある日、とある事故物件を見つけた。

事故物件になった理由は、その部屋の三〇代の男性住人が過去に心不全で亡くなり、発見までにそれなりの時間がかかったというもの。

しかし、冬場ということもあり遺体はたいして腐乱してはいなかったらしい。

彼にしてみれば過去に何度も自殺が起こった部屋に住んだこともあり、そんな部屋でも怪異など体験したことはなかった。

いや、実際には起こっていたのだろうが、彼はそれを怪異とは認識しなかった。

しかも部屋にはその住人の私物である豪華なソファーなど、家具や高価な電化製品までがそのままの状態で残されていた。

彼が部屋を内見する前に一人の男性が住んだことがあるらしいが、なぜかひと月ともたずに部屋から出ていってしまったらしい。それ以降まったく連絡が取れず、失踪ということになっていると説明されたが、そんなことで動じる彼ではなかった。

立地も良く、引っ越し作業も必要ない。家賃も相場の半値以下とくれば、彼に迷う余地など存在しなかった。お得感こそすべてである。

彼はそれまで使っていた家具や電化製品などをすべてリサイクルショップに売り払い、過去いちばんの身軽さで引っ越しを終えた後、新居での暮らしをスタートさせた。

実際に住み始めると、そこはまさに夢のような快適空間だった。

それまでは事故物件でない部屋もそこそこの家賃のアパートやマンションに住んでいたが、今度の部屋の造りは実に豪華で、プチセレブと言えるほどの生活レベルを感じさせてくれた。

事故物件住まいは、周囲の住人から好奇の目を向けられることが多いのだが、このマンションの住人たちは最初からとてもフレンドリーで、彼の部屋の前の住人の話も普通に聞かせてくれた。

どうやら孤独死した男性も、一ヶ月にも満たないうちに行方をくらましてしまった次の入居者も、とても明るく礼儀正しい性格だったらしい。その人柄の良さを周りの住人たちは褒め称えるように話してくれた。

それを裏付けるように、怪異どころか些細な不可思議現象さえ、そこでは一切起こらなかった。

まさに良いことばかりの事故物件生活だった。

そうなるとこれまでは短いスパンで引っ越しを繰り返していた彼も、このまま今の部屋に住み続けるのも悪くないなと思い始めた。

そして腰を据えるなら、もっと自分好みの部屋に変えていきたいと考えるのも自然なことだろう。

家具の位置を変え、壁にポスターを貼り、浴室のシャワーヘッドを変え、窓のカーテンを好みの物に付け替えた。

すると明らかに部屋の中の空気が変わったように感じた。

常に誰かに睨みつけられているような視線が部屋の中から突き刺さる。

同時に説明のつかない怪異が、彼の周りで起こり始めた。

仕事から部屋に帰宅すると、ポスターが誰かに引き剥がされたように床に落ちていた。何度貼り直しても、翌日帰宅すると同じように床に落ちている。最後には細かく手でちぎられた状態で床に散乱していた。

また帰宅するとシャワーから水が流れっ放しになっていたり、使用している時でも突然お湯から冷水に切り替わってしまったりするようになった。

付け替えたカーテンにいたっては、カーテンレールから引き千切られて床に落ちており、ぐっしょりと濡れて嫌な臭いを部屋にまき散らしている始末。

好きな音楽を聴いていても常に音飛びするし、テレビを観ていても勝手にチャンネルが変わったり音量が突然大きくなったりする。また、夜中に勝手にテレビが点く現象も頻々に起きた。

しかしずっと事故物件に住み続けていた彼は、それくらいのことで動揺し、部屋から逃げ出すこともなかった。

（きっと何かが気に入らなかったんだろうな。でも、そのうちに機嫌を直してくれるだろさ……）

その程度に軽く受け止めていた。


しかし、それ以後、彼自身の身に異変が起こり始めた。

同じマンションの住人に会うと、よくこんな言葉を言われるようになった。

「なんか前に住んでいた彼に重なるわね」

「顔も体型もどんどん似てきているんじゃない？」

彼は以前住んでいた男性の顔など見たこともなかったから、適当に愛想笑いで応えていたが、何度もそう言われると気持ちが悪い。

挙句には、こんなこまで言われるようになった。

「なんだか仕草や動作までもがそっくりになってきたわよ」と。

そう言われて、思わず彼もハッとしてしまったという。

たしかにそれは彼自身にも違和感として身に覚えがあることだった。

風呂の入り方、体の洗い方。

髪型、衣服の趣味。

好きな音楽、好きな食べ物。

それらが明らかにそれまでの彼とは違ってきているのを自覚していたという。

おまけに友人からも、最近、顔がどんどん別人のようになってきていると指摘され、初めて彼は危機感を抱いた。

その三日後、彼はマンションの廊下から飛び降りようとしているところを、警察と管理人に押さえつけられ、やっと我に返った。

自分が無意識に自殺をしようとしていたのだと確信し、その日のうちにマンションを引き払い、友人の部屋に避難した。

それ以後、彼の身に怪異や異変は起きていないが、彼はその部屋から私物を何も持ちださずにマンションを退去することを決めたという。

これは後日談だが、彼が住んでいた部屋の天井裏からは彼が住む前に行方不明になっていた男性の自殺体が発見された。

ただ、彼にも周りの住人たちにも、腐乱臭などは一切感じられなかったという。

　彼は最後に言っていた。

「僕がしてしまったミスは、事故物件で前住人の好みの家具やカーテンを変えてはいけないというルールを破ってしまったことなのかもしれませんね。誰だって自分の好みの部屋を他人に変えられるのは嫌でしょうからね。天井裏から見つかった男性もきっと、僕と同じミスをしてしまったのかもしれませんね。僕は本当に奇跡的に助かりましたけど……」

　そう自分なりの解釈を話してくれた彼だが、二度と事故物件には住むつもりはないということだ。

怖い場所

新築であれ中古であれ、家の中にあまり近づきたくないと感じてしまう場所はないだろうか?

そう、あなたの家の中にも……。

感覚的なものかもしれないが、そういう場所はどんな建物や屋外にも存在する。

公園や会社、商業施設にだってそうした一画はきっとあるはずだ。

そこに近づかなくて済むようなところならば、気を付けて避けていれば問題にはならないのかもしれないが、それが家の中に存在してしまうとなると、話はそれほど簡単なものではなくなってしまう。

アパートやマンションにおいても嫌な場所というのは存在するのかもしれない。

だが俺の経験からすると、一戸建ての家には怖く感じてできれば近づきたくない場所というものは必ず存在するように思う。

ちなみに俺にとってそういう怖い場所というのは、使っていない娘の部屋と階段の踊り場、そして物干し場ということになる。

不思議なことにどうやら妻もそれらの場所に対しては同じように嫌な雰囲気を感じているようだった。

だから俺個人としてはきっとその場所には人間が本能的に怖いと感じる危険な要素が存在しているのだと確信している。

知り合いの霊能者に言わせれば、霊なんて家の中に居るのが当たり前。一部屋に最低でも霊が一体はいると思ったほうが良いそうだが、だとしたらどうして家の中に怖いと感じる場所と何も感じない場所が存在するのだろうか？

これはあくまで俺の個人的な見解なのだが、人間は本来の能力の二割ほどしか使っていないと聞く。

そして、残りの八割は第六感的な部分が多く占めているのだとすれば、自分でも気付かないうちに生存本能がはたらき、危険な場所を感知しているのだろうと考えている。

これから書いていく話の体験者・長部さんは、名古屋市の郊外に住む三〇代の主婦の方である。

彼女にとって恐ろしく感じるのは台所であった。

しかも食器などを洗っている時が最も恐ろしいのだという。

彼女は夫と一人息子の三人家族で新築の一戸建てに住んでおり、台所の窓の外はそれなりに人通りの多い大きな県道が通っていて、決して寂しい場所ではない。

晴れた日は眩しいほどの日差しが差し込み、まさに理想的なキッチンだと感じる。

しかし、キッチンに立って洗い物をしていると、背後が気になって仕方ないのだという。

ただ主婦としてはキッチンに立たなければ料理も洗い物もできない。

仕方なく、キッチンに立つ時はできるだけ同じ空間であるリビングに夫か息子さんに居てもらうようにしている。

彼女にそこまでの恐怖を感じさせるものはなんなのかと聞けば、うまく言えないが、必ず背後に人の気配を感じることだという。

新築のその家に住み始めた頃から感じていた違和感なのだが、当初は「気のせい」として片づけてきた。

しかし、その家に一年、二年と住み続けていると「気のせい」というごまかしはきかなくなり、確信へと変わっていった。

最初の頃は背中から誰かの視線を感じるような気がして何度も振り返って確認した。

しかし背後に誰もいるはずがなく、単なる「気のせい」だったと思うことにした。

しかし、気のせい気のせいと自分に言い聞かせ、振り返ることなくシンクに向かい続けていると、背後から誰かに見られているという感覚はどんどん強くなり、やがて背後に誰かが立っているという感覚に変わっていく。

勿論、何度後ろを振り返っても誰もいないのだが、その感覚は気のせいで片付けられるものではなくなっていった。

はじめは、リビングの隅に誰かが立っているような感覚だった。それが、振り返るたびにどんどん彼女のすぐ後ろ、キッチンのほうへ近づいてきた。

三メートル……二メートル……一メートル。

どんどん近くなってきて、ついには自分の背中に触れるほどの距離に誰かが立っているのがはっきりとわかるのだそうだ。

それは鉄臭い匂いだったり、苦しそうな息遣いだったりと、臭覚や聴覚でもはっきりと感じとることができるそうだ。

正直な気持ちとしては、そんな家には住み続けたくない。

しかし、せっかく買った新築のマイホームをそんなことで簡単に手放すわけにもいかなかった。

残るのは多額の住宅ローンと新居の賃貸料。

そんな金銭的余裕などあるはずもなかった。

そこで彼女は霊験あらたかな神社仏閣を回り、お守りや護符を買ってきてはキッチンの壁に貼ってみたがまったく効果は感じられなかった。

いや、それどころか、それらを貼るようになってから身の危険を感じる出来事が多くなった。

突然、包丁立てが倒れてきて軽く腕を切ったことがあった。

水の温度が一気に熱湯に変わり、火傷をしたこともあった。

その他にも突然、使っていたコンロの炎が大きくなったり小さくなったりするなどは日常茶飯事なのだが、その中でも最も恐ろしかったのはこんな出来事だった。

彼女がいつものようにキッチンで食器を洗っていると、窓の外に誰かが立っているのが見えた。

しかも、その姿は首から上しかない奇妙な顔と髪形をした人間に見えたという。

その家のキッチンの窓は大人の男性が立っても窓にはその頭部すら映らないほどに高い場所に取り付けられている。

それなのに、その時に窓に映った頭部は顔全体がはっきりと見えており、それがゆらゆらと揺れながら宙に浮いているように見えた。

これは人間じゃない……。

頭だけが宙に浮いているなどあろうはずもない。

そう感じた瞬間、彼女は大きな悲鳴を上げた。

それと同時に窓ガラスが割れ、破片がキッチンの中に粉々になって落ちてきた。

大きな怪我はなかったが彼女は夫に連絡し、この一件は警察沙汰になった。

警察の調べでは外部から何かを窓に向かって投げつけられたということにされてしまったが、実際、窓の外から何かを投げつければそれが窓の内部に落ちているはず。

それなのに、窓の内側にも外側にも石などは何も落ちておらず、外を偶然歩いていた目撃者の話では、窓の外には誰もいなかったという。ただ突然に窓が粉々に割れたのだと証言してくれた。

しかし警察はその証言をスルーして、悪戯か事故として処理してしまった。

本来ならそんなことが起これば恐ろしくて家に住み続けることなどできないと思うのだが、どうしても新築の家を手放したくなかった彼女は、窓を金網入りのガラスに変え、包丁立てもキッチン下部に格納する形で、その家で暮らしキッチンに立ち続けることにした。

同時にあることを開始した。

それは不可思議な出来事の原因を探るということだ。

その頃の彼女にはそれらの出来事がすべて霊的な怪異だと確信を持っていたらしく、それならばその原因を突き止めることで対処できるかもしれないと考えたそうだ。

住宅メーカーや不動産会社にも直接出向き、話を聞いた。

しかし、過去には事故も事件も自殺すらも起きてはいないと断言された。

だから彼女は次に近所に住む人達のお宅へ直接伺って話を聞いて回った。

しかし、返答は不動産会社たちと同じであり、そのような不吉なことは何も起きてはいないと言われた。逆に変な噂を流されて地価が下がっては困ると釘を刺されてしまう。

そんな彼女に残された方法は自分で地元の大きな図書館へ行き、時間をかけて調べるということしかなかった。

しかし、過去の新聞をどれだけ調べても事件や事故など何も起きてはいないことを確信させられるだけだった。

しかし、ふと気になって調べてみた昔の地図や文献を眺めた時、彼女は求めているものが見つかったような気がすると同時に、途方に暮れることになった。

古い地図と文献を照らし合わせた結果、現在彼女の家が建っている土地は江戸時代の頃には処刑場として使われていた土地だった。

過去には何人、いや何百、何千人という罪人が現在住んでいる土地で処刑されていた。

それはあまりにも重すぎる事実だった。

それでも彼女は信頼できそうな神社に頼み、数日をかけて大掛かりな地鎮祭を行ってもらった。

それなりに費用は掛かったが、その時できることはその程度のことしか思いつかず、彼女にしてみれば地鎮祭に最後の望みを託すしかなかったという。

「結果としてどうなりました？」

恐る恐るそう聞いた俺に、彼女は虚しそうに「いいえ」とだけ答えた。

現在、彼女がキッチンに立っていると背後には何十人という体を持たない頭部だけが浮かんでおり、ひそひそと話す老若男女の声がはっきりと聞こえてくるそうだ。

神社に頼っても解決せず、お寺に縋っても、やはり効果はなかった。

だとすると……。

「正直、もう術は残されていませんよね……」

溜め息とともにそう語った彼女の一家は、その家を放棄して来年には別の土地のマンションに引っ越す予定だそうだ。

事故物件には明確な告知義務が存在しているそうだが、古い時代のこととなると、その土地のいわれはなかなか知る由もない。

もしかして今自分が住んでいる土地にも曰く因縁があるのかもしれないと思った方は、ぜひ一度調べてみることをおすすめする。

ただ、過去に何も起こっていない、誰も死んではいない土地など、この狭い日本には
それほどないのかもしれないが……。

よもぎ

新潟県に住む坂矢さんは現在四〇歳手前の会社員。

マンションで一人暮らしをする彼は、今後も結婚するつもりはないのだという。

以前は彼女と同棲した時期もあったそうなのだが、そんな彼がどうして結婚願望を捨ててしまったのか?

それはこれから書く出来事に起因している。


彼には中学・高校・大学と常に付き合っている彼女がいた。

だから自分のことをモテないと思ったことは一度もない。

告白されたことも一度や二度ではなかったし、同時期に複数の女性と付き合っていたこともあった。

しかし社会人になった途端、彼はまったくモテなくなってしまった。

会社の同僚女性を誘っても断られ続け、飲み会に呼ばれることすらなくなった。

たしかに仕事が忙しい時期が続き、恋愛についてゆっくり考えられなかったこともあったが、流石に三〇歳近くになってくると、結婚はともかく彼女くらいは欲しいと真剣に思い悩んだ。

しかし、社会人になって七年以上が経ち、いまだに彼女の一人もできなかった彼は本気で結婚を諦めなくてはいけないのではないかと思い始めた。

そんな時だったという。

大学時代の友人から婚活パーティーに誘われたのは。

参加者のレベルがかなり高く、その分、男性の参加費も相当な金額だったので、彼は最初その誘いを断った。

すっかり昔の自信をなくしていた彼は、どうせ自分なんかが参加したところで彼女ができるはずはないし、何より低レベルの自分では浮いてしまって恥ずかしい思いをするだけだと思った。

しかし参加費を代わりに支払ってくれるとまで言ってくる友人の強引な頼みに根負け

し、彼はその婚活パーティーへ参加することになった。

場所は都内の高級ホテル。

男性も女性も皆高級そうなブランドスーツを着こなしており、彼の様に普通のビジネススーツで参加した者など一人もいなかった。

婚活パーティー自体は特にタイムテーブルもなく、大きな会場に料理と飲み物が並んでおり、それらを楽しみながら気に入った相手に話しかけるというスタイルだったらしく、それだけは救いだった。

はなから出会いを諦めていた彼は、婚活そっちのけで美味しい料理と酒を楽しむことに全力集中していたそうだ。

そうして完全に外野気分で参加者の様子を見ていると、ひと際多くの男性陣が群がっている場所があった。

それは、ある一人の女性に狙いを定めた男たちの群れだった。

いったいどんな女性なのか……。

興味をそそられて輪の中心にいる女性をまじまじと見た彼は、思わずグラスを持つ手が固まってしまったという。

そこには見たこともないほど美しい、綺麗すぎるほどの女性が佇んでいた。

スタイルも良く、女優さんでも敵わないと思えるほど整った顔と圧倒的なオーラを醸し出している。

周りに群がる男性陣も彼から見れば相当レベルが高い者たちぞろいであったが、それでもその女性とは明らかに釣り合わないと感じるほどであった。

いずれにせよ彼にとってそれは別世界のことのようにしか思えなかった。

きっとあの男性陣でも無理だろうな、と思った時点で、それより明らかにランクの劣る彼に可能性などあるはずもなかった。

しかしその後、会場がどよめくほどの奇跡が起こる。

一人黙々と飲み食いに集中していた彼に、あろうことかその女性が声を掛けてきた。

しかも、その第一声はとても意外な言葉だった。

「さっきからよく食べられてますね。でも、よもぎはお嫌いなのかしら？」

そう声を掛けられた彼は、あまりの驚きに何も言えず、ただ首を縦に振ることしかできなかった。

なぜ、よもぎが嫌いなのかと聞かれたのか、彼にはまったくわからなかった。

たしかに、ちょうど季節で目の前にはよもぎを使った料理もあったのだが、偶然手を出さなかっただけで、彼自身はよもぎを好きでも嫌いでもなかった。

しかし、何はともあれこれをきっかけに彼女と話せるのであれば、それを利用しない手はない。なにせこれだけ美しい女性なのだ。

そして、いざ話してみれば彼女も彼と同じように、友人に強引に誘われて参加したことがわかった。

案外、彼女もさっきの質問に深い意味はなかったのかもしれない。結局、その婚活パーティーが終わるまで、彼女は彼の傍から離れようとしなかった。

無理やり誘われてきたという共通点が良かったのか、最後は彼女のほうから連絡先の交換を切り出した。

まるで夢の中にいるような、不思議な気持ちで彼は会場を後にした。

もっとも、そのまま彼女と上手く付き合えるとまでは思っていなかった。

とりあえずパーティーに参加したことで誰もが羨むような美女と話すことができた。

それだけでも自信を失っていた彼にとっては嬉しい誤算だった。

しかしその翌日、更なる誤算が彼の元に舞い込んだ。

彼女のほうから彼の携帯に電話をかけてきたのだ。

最初は何かの悪戯か、詐欺の電話かと思ったらしいが、実際に待ち合わせの場所に行ってみると、本当に昨日の美女が先に到着して待っていた。

その時の彼の喜びは容易に想像できる。


それからとんとん拍子に彼女との交際が始まった。

ただその交際には奇妙な条件があった。

「私と付き合うのなら、よもぎだけは絶対に食べないで欲しいの」

彼女は真剣な目で彼にそう伝えてきた。

やはり婚活パーティーで聞かれたことは彼女にとって意味があることだったらしい。

なんとも不思議な条件ではあったが、よもぎを食べないだけで彼女と付き合えるのならおやすい御用である。彼はふたつ返事で約束した。


付き合いだしてからの彼女は本当に素敵だった。

いつもデートの時には食べきれないほど大量のお弁当を作って来てくれたし、手製のお菓子も持ってきてくれた。

ブランド品をねだることもなかったし、何よりいつも彼にこんなことを言ったのだという。

私が好きなのはあなたの内面なんだから、見た目なんか気にせずたくさん食べてね。もっとたくさん食べて太って欲しいな、と。

たしかに変なことを言うなぁとは思ったが、内面が好きと言ってくれたのは彼にとって何より嬉しい言葉だった。

そんな彼女の気持ちに応える意味でも、彼は彼女の作ってくれる美味しい料理をせっせと食べ、よもぎだけは食べないでという約束もずっと守り続けた。

そんなある日、彼は用事があり、久しぶりに実家へと帰ってきた。

すると、出迎えた祖母が彼を見るなり、血相を変えてこう叫んだ。

「何だその顔は！　まるで死人の様な顔じゃないか！　何があったか知らんが、とにかくお前は悪いモノにとり憑かれているみたいだね。わかった……ばあちゃんがなんとかしてやるから待っとれ！」

そう言うと、台所へ行き何かを作り始めた。

彼はいきなりの展開に戸惑ったが、これには苦笑するしかない。

おいおい、この現代に妖怪や幽霊などいるはずがないじゃないか。

こんな田舎に住んでるから、ばあちゃんもボケちゃったのかな……。

そんなことを考えていたという。

しかし、彼の顔を見た他の家族も、祖母と似たような感想を抱いたらしい。

「おまえ、体は太っているのに、まるで死人みたいな顔してるぞ。まるでフォアグラになる前のガチョウかアヒルみたいじゃないか……」

口々にそんなふうに言われ、流石に彼も気になってきた。洗面所に立ち、久しぶりにまじまじと鏡で自分の顔を見てみた。

すると家族が言うように、自分の顔に生気というものがまったく感じられないのがわかった。

そんな時、台所で必死に何かを作っていた祖母が大声で彼を呼んだ。

居間に戻ると、祖母は彼の前に大きな皿を置いた。

その皿には緑色のよもぎ餅が大量に載せられていた。

「ほら、これさえ食べれば大丈夫だ！　はよ食え！」

祖母は自信満々にそう言うものの、彼としては彼女との約束を守る義務があった。

だから頑なによもぎ餅を食べることを拒否していたそうなのだが、それを見て祖母をはじめ家族が揃って泣き出してしまう。

「お願いだから食べてくれ！」

「このままじゃ死んじまうよ」

「お前、そいつに食われてしまうぞ！」

そんなことを言いながら。

異様な状況にさすがに断り切れなくなった彼は、実家でよもぎ餅を食べたとしても彼女にバレることはないだろうと考えなおし、その場で食べられるだけのよもぎ餅をお腹いっぱいに食べた。


しかし、その夜。

実家にいる彼の元に彼女から電話が入った。

スマホに表示されているのはたしかに彼女の電話番号だったが、その声は明らかに中年女性の声だった。

〈あれだけ食べるなと言っておいたのに、よもぎを食べてしまったんだね。もう少しだったのに……。これじゃもう食べられないね……〉

それだけ言うと電話は一方的に切れた。

あわてて彼が掛け直しても電話に出てくれないだけでなく、そもそもその電話番号は存在していないというアナウンスが聞こえてくるばかりだった。

東京に戻ってからも、彼は何度も彼女と連絡を取ろうと試みたが、すべて無駄だった。彼女が働いていた会社やマンションにも行ったが、そもそもそんな会社もマンションも存在すらしていなかったそうである。

彼はいったい何と付き合っていたのか？

今となってはそれもわからない。

だが、よもぎについて調べてみると、鬼や妖怪が嫌う何かが含まれていると書かれている文献を見つけることができた。古くから菖蒲とともに魔除けの植物として知られ、端午の節句では菖蒲湯に浸かり、よもぎ餅を食べて邪気を祓う。

どうやら彼の命を救ったのはよもぎ餅であり、先人が身を護るために伝えてきた知恵に助けられたことだけは確かなようだ。

呪った話

これから書く話は呪いの行を行っていた本人からの体験談である。

呪いをかけられたという話はよく聞くが、呪いをかけていた当人から聞く体験談というのはあまり聞かない。それは罪の告白でもあるからだ。

この話に登場する和田さんという女性は、ＯＬをしている三〇代後半の独身女性。

彼女は過去に一人の男性に対して呪いをかけたことがあるのだという。

きっかけは結婚詐欺。

ずっと結婚前提でお付き合いをしてきた男性に、彼女は長い間騙されていて、結果として一〇〇〇万円以上の金をだまし取られ、その直後からその男性とは連絡が一切取れなくなった。

勿論その男性から聞いていた勤務先も、住所も、名前すらもすべてが嘘だった。警察にも相談し、その男性が結婚詐欺の常習犯だと知ることになるのだが、すべては後の祭り。

彼に預けた大金も、プレゼントした高価な時計も、何ひとつ彼女のもとに返ってくることはなかった。

何しろその男は名うての結婚詐欺師であり、過去に一度逮捕されたことはあったが、結局は不起訴になりそれ以後も結婚詐欺を繰り返していたのだから。

結局、彼女の元に残ったのはその男性が部屋に泊まった時に残していった歯ブラシと警察から教えられた本当の氏名だけだった。

彼女は茫然自失となり、しばらくは泣き明かす日々を送ったが、いっときのショックが過ぎ去った後に残ったのは、その男を呪い殺したいという強い思いだった。

警察から有力な情報も逮捕の確約ももらえず、普通ならばそのまま泣き寝入りというパターンが多い中で、その男を呪い殺そうと思ったのはもしかしたら彼女が失った大金のせいだけではなく、それほどその男性の存在が忘れられないほど大きくなってしまっていたからなのだろうと思う。

勿論、人を呪う術など知らない彼女が誰かに呪いを代行してもらうのではなく、あくまで自らの手で実行しようと考えた時、頼るのはやはりネットに溢れている呪いの情報だった。

色々と調べた結果、自分には丑の刻参りが最も適しており、より効果が高いとわかると彼女はすぐに呪いの準備に取り掛かった。

必要な物は全てネットで購入できた。

そして最も必要な相手の体の一部、つまり髪の毛は部屋中を掃除して簡単に数本見つけることができた。

男の本名も既に警察から聞いてわかっている彼女にとっては、後はいつ実行に移すか、ということだけであった。

何しろ七日間、丑三つ時に一人で呪いの行を続けなければならない。

しかも、誰かに見られたとしたらその人間を殺さなければ自分に呪いが返ってきてしまうというのだから、厳しい条件だ。

人を殺して殺人者として生きていくなど絶対に嫌だった。

彼女はカレンダーと天気予報を細かくチェックして、晴れの夜が続く翌週の水曜日からの決行を決めた。

水曜日はできるだけ早く仕事を切り上げて家に帰り、それから午前〇時まで仮眠をとることにした。

しかし気持ちが高ぶっているせいか、まったく眠れないまま午前一一時半頃には起きたという。

白装束に着替え、その上から大きめのカーディガンを羽織ると、用意しておいた呪具を持って車に乗り込んだ。

彼女のマンションから丑の刻参りを行う予定の神社までは車で三〇分ほどの距離だった。

途中で何回か車を停めてこれから自分が行おうとしていることについて考えた。

本当に呪い殺していいのか、と。

それでも相手の写真を見返しているとやはり沸々と憎悪の念が強くなっていく。

彼女は最後の決心をして車を発進させると、そのまま神社の近くの空き地に車を停めた。

そしてカーディガンを脱いで頭に白い鉢巻を巻いてロウソクに火をともした。

そして相手の髪の毛を仕込んだ藁人形と五寸釘を持つと、誰もいない神社のほうへと歩き出した。

彼女は事前に一度その神社へ下調べに来ていた。

神社の上手にある林へ足を踏み入れると、すぐにお目当てのご神木と思われる巨木が見つかった。

しかし、その下見をしたのは平日の昼間。

夜では明らかにすべてが違っていた。

暗闇の中を裸足で歩くのは至難の業だったし、何より肌で感じる空気がまるで違った。

しかも、不思議なことにその神社の林に入った時から風はピタリと止まり、草木の音も虫の音も、何一つ聞こえてはこなくなった。

まるで林の木々や草花、そして虫までもが彼女の一挙手一投足に息を殺して注視しているかのように感じられた。

とにかく彼女は怖くて仕方なかった。

だから、必死で件のご神木を見つけると、すぐに藁人形の中へ写真を入れて、五寸釘で打ち込み始めた。

しかし、自分が打つ五寸釘の音がやたらと響きわたり、何やら背後から誰かの声が聞こえてきたように感じ、一〇回も打たないうちに一夜目の丑の刻参りは終わった。

そして、逃げるようにしてその場から立ち去り車に乗り込むと、できるだけ周りや後ろを見ないようにして帰った。

誰かに見られてはいないかと気が気ではなかったが、無事に自宅へ戻ってくると先程感じていた恐怖感はいつのまにか高揚感に似た気持ちに変わっていることに気が付いた。

二回目からはもう、深夜に一人で神社に行くことがまったく怖く感じなくなった。

それどころかまるで何かに操られているかのように自然と体が動き、自宅に帰っても神社にいた時の記憶がはっきりとしないようになっていった。

その時点で彼女は完全に自分というものを失っていた。

言い換えれば、本当に何かに憑依されているかのように顔つきや声まで変わってしまっているのが自分でもわかるほどだった。

とはいえ、彼女が行っていた呪いの丑の刻参り自体はとても順調に推移していたし、早く七日目の夜が過ぎ、呪いが満願成就するのが楽しみで仕方なくなっていた。

ところが、五日目の夜、予想だにしていないことが起こった。

御神木に藁人形を打ち付けるという呪いの行を終えて神社の外にある車に戻ろうとしていた時のことだ。

彼女の視界に誰かが木の陰に立っているのが映った。

しかもそれは女性であり、彼女と同じような装束に身を包んでいた。

見られてしまった？

咄嗟にそう感じてその場に固まってしまったが、次の瞬間まったく違う考えが頭の中を駆け巡った。

（もしかして……私が見てしまったことになるの？）

丑の刻参りは、そのすべての工程を誰かに見られてはいけないというルールがあった。

そして、万が一誰かに見られてしまった時には、目撃した相手を殺さなければいけないとされていた。

そうしなければ呪いが成就することはないばかりか、それまで自分が行ってきた呪いがすべて自分の身に返ってくる。

つまり生きてはいられないということなのだろう。

その時遭遇した女性は明らかに彼女と同じように丑の刻参りを行うためにその神社へとやって来ていた。それは、着ている白装束を見れば明らかだった。

そう思った時、彼女は一気にその場から走り出していた。

自分が呪い殺したいのは結婚詐欺を行った男であり、その他の人を殺したいとは思えなかった。

それにモタモタしていたら目撃者である自分の命も危ない。

彼女は息の続くかぎり必死に車まで走った。

背後から誰かが追いかけて来ている気配を感じたが、決して後ろは振り返らなかった。

もしも背後を振り返って先程の女性が鬼の形相で追いかけてきているのを見てしまったら恐怖で足が動かなくなる気がしていたから。

なんとか車に辿り着いた彼女は車内に乗り込むとすぐに全てのドアをノックしてからエンジンをかけ、その場から走り出した。

その際、車から三〇メートルほど離れた場所に誰かが立っているように見えたから、決してそちらのほうへ視線を向けないようにした。

そしてなんとか無事に自宅へと戻ってきた彼女は、そのまま一睡もできずに朝を迎えた。

いつ、先程見た女性が追いかけて来て玄関のチャイムを鳴らすかと思うと、恐ろしくて仕方なかったそうだ。

そして、ガタガタと部屋の中で震えていた彼女はずっとこんなことを考えていた。

もう誰かを呪うのは止めよう。

呪いで人を殺すのも、自らの手で人を殺すのも同じことではないか。

自分の行っていた丑の刻参りを見た人を殺す決意もない自分が、呪いという間接的な方法だとしても他人の命を奪う資格などない、と。

そして彼女はその夜の境にして丑の刻参りをやめた。

丑の刻参りの正式な中断方法など知らなかった彼女は、それからしばらくの間死の恐怖と隣り合わせに生活することになった。

なにしろ自分は丑の刻参りを途中で断念し、尚且つその行為を他人に見られているのだ。

それならば呪いがそのまま自分に返って来て死という結末が待っているのかもしれない、と。

しかし、それから一ヶ月以上経過したが、彼女の身には何も起こらなかった。

ただ、その間、その神社の御神木の側で女性の自殺体が見つかったという話を聞いた時には思わず背筋が凍り付いたという。

もしかしたら自殺したのはあの女性かもしれない。

あの女性は目撃された私を殺さなければいけないという重圧に圧し潰され、自らの死を選んだのかもしれない……。

そう感じたという。

しかし、他人を呪った代償というのはそれほど軽いものではないらしい。

半年ほど経った頃から、彼女は身の回りで頻繁にヘビを見るようになった。

おそらく普通のヘビではないだろう。見える人にしか見えない類のものであると思う。

見るのはいつも同じヘビらしく、それか次第に大きくなっていき、やがてその頭部が知らない女性の顔になったのだそうだ。

二四時間その巨大なヘビに監視される生活に耐えられなくなった彼女は、ある日マンションの部屋から逃げるようにして飛び降りた。

大怪我をして幾度も手術を受け、長い入院生活の末、やっと彼女はその病院を退院することができたが、そのまま別の病院への移送を余儀なくされた。

飛び降りて大怪我を負ってからも、ずっと巨大なヘビに纏わりつかれていると言って暴れだす彼女は、そのまま精神科の専門病院へと送られた。

分厚い鉄の扉を二か所通った先にある隔離病棟だそうだ。

そこに入れられてから、ようやく彼女にも平穏な時間が戻った。

そこにいればヘビの姿を見なくてすむのだそうだ。

彼女はいつかその病院から出たいとも思ってはいないという。

「他人を呪い殺そうとした自分は、このままずっとこの閉鎖空間で生きていくのがお似合いなんです」

最後に彼女はそう俺に語ってくれた。

止まった時計

これは保科さんがカラオケ店に勤めていた時の話になる。

従業員の中にシングルマザーのMさんという女性がいた。

彼女はとても働き者で、他の誰よりも献身的に働いてくれる模範的な従業員だった。

誰もが嫌がる追加オーダーを自ら率先して取りに行ってくれたし、そんな際にも嫌な顔ひとつ見せず、常に明るい笑顔で働いてくれた。

彼女にはまだ幼稚園に通う娘さんがいたようで、生活のためにカラオケ店だけではなく、掛け持ちで夜のスナックのバイトまでこなしていたようだ。

昼間は誰よりも献身的に働き、夜には酔っぱらい客を相手に遅くまで働く毎日。

それもすべてはまだ幼い娘さんに貧乏な生活をさせたくなかったから。

きっと想像以上に過酷なスケジュールで、心身ともに疲弊するものだったに違いない。

それでも真面目な彼女はいつも定刻よりも早めに出勤し、遅刻してきたことなど一度もなかったし、同僚やお客さんへはいつも明るく元気に接していたそうだ。

そんなある日、Mさんが定刻になっても出勤してこない。

寝坊でもしちゃったのかな？

忙しいんだから、ある程度は仕方がないさ。

そう思い、しばらく待っていればいつものように元気に出勤してくるだろうと軽く考えていた。

しかし、どれだけ待っていてもMさんはいっこうに出勤してこない。

それまでが真面目すぎたMさんだったから、もしかしたら事故か事件にでも巻き込まれたのではないか？

そう思い慌ててMさんの携帯に電話をかけた。

すると予想を反してMさんはすぐに電話に出た。

尋常ではない程慌てた様子で「ごめんなさい。今、眼が覚めたばかりで……」と謝ってきた。

そう言われればMさんの声は慌てているがどこか寝起きの声にも聞こえたという。

とりあえず事故や事件に巻き込まれたのではなかった。

それがわかったことで彼は少しホッとした。

だから彼は、

「事故や事件じゃないならよかったよ。だけど、真面目なMさんにしては珍しいね。寝坊するなんてさ。なんで今日にかぎって起きれなかったの？」

と聞いてみた。するとMさんは、

「私にもよくわからないんです。目覚ましはいつものようにセットしましたけど、何故か時計が止まっているんです。それも目覚まし時計だけではなくて、部屋の掛け時計も携帯の時計も、何から何まで同じ時刻で止まってしまっていて……」

それを聞いた彼は「不思議なこともあるもんだね」と返したが、真面目なMさんの言葉に嘘があるとは思えず、内心少し薄気味悪く感じたという。

その後、Mさんはすぐに出勤してきていつものように明るく献身的に働いてくれたらしく、彼もホッと胸を撫で下ろしたそうだ。

しかし、それから数日後、Mさんは蒼ざめた顔で出勤してきた。

「どうしたの……何かあったの？」

心配して彼がそう声を掛けると、

「あの日、部屋の全ての時計が止まって遅刻してしまった理由がわかったんです！」

と、今にも泣きだしそうな顔で訴えると肩を震わせながらこう続けた。

彼女が夜のバイトで働いていたスナックの常連客が交通事故で亡くなったそうだ。

その事故が起こった時刻が、あの日の時計が止まっていた時刻だったそうだ。

「どうしたらいいんでしょうか……私にも何か起こるんでしょうか？」

そう言って震える彼女に対し、彼は、

「大丈夫だよ、そんなの単なる偶然だよ」

そう言って気休めの言葉をかけるしか出来なかったという。


それからしばらくして、Mさんは体調を崩してそのカラオケ店の仕事を辞めてしまった。


明らかに奇妙な言動が多くなり、変なモノが視えるといつも周りに訴えていた。その容姿はどんどんやつれていき、まるで何かにとり憑かれているようにさえ見えたようだ。

あれだけ明るく献身的に働いていたMさんだったのに、以前の面影はまったく消えてしまい、退社する頃には暗く下を向きながらいつもブツブツと独り言を呟いていたそうだ。

その後、Mさんと一番仲の良かった従業員から聞いた話によれば、Mさんがシングルマザーになったのは元夫のDVが原因だったらしく、事故で亡くなったスナックの常連男性というのは、離婚後の手続きから生活の支援までMさんを色々と助けていたらしく、普通に考えても単なるスナックのバイトと客という関係を超えていたのは容易に想像ができる。

そんな男性が事故で亡くなってから、Mさんは明らかに何かに怯えながら次第におかしくなっていった。

そしてカラオケ店を辞めたMさんは一人娘を実家に残したまま行方不明になってしまったそうだ。

亡くなった男性が連れに来たのか、それともMさんがその男性に自ら追っていったのかはわからないが、きっともうこの世にはいないのだろうと思う。

今から戻るから

神奈川県に住む芦田さんには以前、高校時代から付き合っていた彼氏がいた。

当時からお似合いのカップルとして同級生や教師に認知されていた二人は、彼氏が四年制大学に進み、彼女が地元の短大に進学してからもその関係が壊れることもなく、さらには社会人になってからも変わることはなかった。

元々心配性で束縛も強かった彼ではあったが、それもすべて自分への愛情なのだとはっきり感じられた。

彼女が社会人四年目の時、不幸な事故に遭い、車椅子での生活を余儀なくされた。しかし、そんな状況になっても彼の愛情は薄れるどころかより強くなったのが感じられ、失意の底にあった彼女はとても救われ、幸せを実感したという。

だが、そんな彼女は三一歳になった現在、実家で両親と暮らしている。

護符や御守りが至るところに貼られた実家で……。

彼氏は大学を卒業すると商社に入社し、仕事に追われる日々を過ごしていた。

日本はおろか世界を飛び回ることも多く、その度に彼女は彼氏の無事を祈っていた。

それを知っていたのか、彼氏も毎日電話やメールをくれたし、帰国する日が近づいてくると「早く戻って会いたいよ」とか「もうすぐ戻れるよ」と連絡をくれたし、帰国当日には必ず「今から戻るから」という連絡を入れてくれた。

だからこそ彼女は、寂しさもそれほど感じずに、彼氏を身近に感じながら会えない日々をも過ごせていた。

今思い出しても、いつも彼氏に護られているようで本当に幸せな時間だったし、彼女もそんな関係が永遠に続くと信じていたという。

しかし、そんな当たり前の幸せが突然終わりを告げたのは、彼女が二五歳の時だった。

いつものように出張で東南アジアへと出掛けていった彼氏は、フィリピンの地で突然行方不明になった。

同僚と離れ、宿から一人で飲みに出かけた彼氏が翌朝戻って来ることはなかったそうだ。

会社の同僚や現地の警察による懸命な捜索の甲斐もなく、何の手掛かりも見つかることはなかったという。

彼女もすぐに現地に行って自ら彼の手掛かりだけでも探したいと思ったが、車椅子でしか移動ができないことがネックになり、両親からの同意はもらえなかった。

だから彼女は、現地警察による捜索を信じてじっと待つことしかできなかった。

しかし、彼氏の行方どころか持ち物さえ発見されることはなく、時間だけが流れた。

そして彼氏が行方不明になってから一ヶ月月以上が経った頃、彼女の元に彼氏の会社から連絡が入った。

彼氏らしき遺体が現地で見つかった、というものだった。

遺体はバラバラにされ、ドラム缶に入れられそのまま海に沈んでいた物が奇跡的に見つかったが、腐乱も進んでおり彼本人だと確認するにはＤＮＡ鑑定待ちだと聞かされた。

しかし、その時ばかりは彼女も現地入りする気にはなれなかった。

たとえその遺体が彼氏本人だとしても、バラバラにされ海底で腐乱が進んだ状態を直視できるわけがなかったから。

勿論、その時点で彼女にはある程度の覚悟はできていたのだと思う。

しかし、実際にＤＮＡ鑑定の結果、その遺体が彼氏のものだと確認されたと連絡を受けた時には、目の前が真っ暗になった。

嘘だ！　嘘に決まってる！

夢なら早く醒めて！

そう自分に言い聞かせては泣き続ける毎日だった。

そして涙が枯れた時、彼女は自殺も考えた。

いっそのこと、優しい彼氏の元に逝ってしまおう、と。

しかしそんな勇気もなく、ただ彼が奇跡的に生きて戻って来るという夢物語を生気のない顔で見続けるだけ。

しかし、時間というのは悲しみも絶望も少しずつ緩和してくれるものなのだろう。

仕事にも復帰し、彼女は少しずつ元気を取り戻していった。

ただ両親の説得を聞き入れて実家に戻ることはせず、そのままマンションで一人暮らしを続けたのは、いつ彼氏が戻ってきてもわかるようにと考えてのことだったというのだから、彼女が彼を待ち望む思いは本当に強いものだったに違いない。

しかしさすがに彼氏が亡くなってから五年以上が経つと、彼女も彼の死を受け止め、前向きに生きていこうと思い始めていた。

そんな矢先だった。

彼氏から突然、携帯にメールが送られてきた。

「今から戻るから」という一言だけのメッセージ。

慌てて彼氏の両親に連絡を取ったが、既に携帯は解約されており、そんなことはありえないと言われた。もちろん彼氏の両親にはなんの連絡も入っていないとのことだった。

最初は誰かの悪質な悪戯かと考えた。

しかし冷静に考えてみると、彼氏の携帯はまだ見つかっておらず、きっと海の底に沈んだままだろう。解約もされており、事情を知る誰かの悪戯にしても、説明がつかなかった。

最初にそのメールを受け取った時、彼女は驚くとともに歓喜した。

しかし、その後何度か同じメールが届き、さすがに彼女は気持ち悪くなった。

海の底にバラバラにされて沈められた彼が、その姿で迎えに来る……。

それは想像を絶する恐怖に他ならなかった。

どうすれば良いのか、彼女自身が答えを見つけられないまま時が過ぎたある日、こんなメールが届いた。

「ただいま」


そのメールを受け取った時、彼女はようやく決心がついたという。

早く逃げよう。もうここに居てはいけない……！

そう踏ん切りがついた。


彼女は実家に戻り、両親と暮らし始めた。

しかしそこでも安息の日々は待っていなかった。

ある日、急に眠気に襲われてウトウトしてしまった彼女は、自分が外にいることに気が付いた。

誰かが後ろから押してくれている車椅子に座った状態で、外にいる。

金縛りに遭ったように体が動かせず、後ろを振り向くことはできなかった。

それでも鼻を衝くような強い海の香りは感じていた。

幸いその時は、偶然通りかかった近所の男性に助けられ事なきを得た。

まるで電動車椅子のように、彼女が乗った車椅子はひとりでに海へと突き出した崖に向かっていたという。

まるで誰かに押されているかのように……。

両親は彼女に何度もお祓いを受けさせたり、家の中に護符や御守りを貼り巡らせたりしているが、怪異はいっこうに収まりそうもないそうだ。

——彼氏が戻ってきている。

今はそれが、恐怖でしかないそうである。

本物

福井県に住む青木さんは現在三〇代の男性。

とにかく山登りが好きで、登山の費用を稼ぐために働き、独身を貫いてきた。

そんな彼は現在、仕事を辞め大好きだった登山も引退し、生活保護を受けて誰とも会わない孤独な環境で暮らしている。

こう書くと、きっと登山した際に何か怪異を体験してしまったに違いないと思われるかもしれないが、彼の遭遇した怪異は山で起きたわけではなかった。

彼はその時、有休を取って毎年必ず行っていた四泊五日の北アルプス単独登山へと向かっていた。

登山の行程は特に問題も発生せず、天候に恵まれたおかげでとても順調に予定通りのルートを踏破し、無事に下山して来ることができた。

不可思議なことが起こっていたことに気付いたのは登山を終え、有休明けに出社した時のことだ。

朝、会社に出勤し、真っ先に上司に挨拶をしに行った彼。

「課長、おはようございます。毎年のこととはいえ一週間も休みを頂き、仕事に穴をあけてしまい大変ご迷惑をおかけし申し訳ございませんでした。

なんとか無事に登山も終え怪我もなく帰ってまいりました。今日からまたしっかりと働きますので宜しくお願いします！」

そう挨拶した彼を、課長は不思議そうな顔で見ながらこう返してきたという。

おいおい、朝から何を訳のわからないことを言ってるんだ？　一週間も休んだ？

君は昨日も一昨日もずっと休まずに出社してきていたじゃないか。

いや、それどころか、いつもよりもバリバリと仕事をこなしていた。

ようやく仕事にやる気を出してくれたと思って感心していたのに、朝から変な冗談に付き合わせるのは勘弁してくれよ、と。

「いや、そんなはずはないです。現に私は一昨日まで北アルプスにいたんですから……」

そう繰り返して説明したが、どうやら課長は冗談でそんなことを言っているのではないと、すぐに彼にもわかったという。

これ以上しつこくしても課長の機嫌を損ねるだけだと思った彼は、

「朝から申し訳ありませんでした。僕の記憶違いだったのかもしれません、失礼します」

そう言って自分のデスクに座ったという。

しかし彼はその時点では頭の中がパニックになっているだけで、決して課長の言っていることを認めた訳ではなかった。

しかし、自分のデスクに座った彼は机の上を見て驚いた。

有休明けに手を付けようと思っていた事務仕事がすべて終わっていた。

しかも乱雑に資料などが積み上げられている机の上がきれいに整理整頓されていた。

まさかと思いパソコンを立ちあげると、見積もりや会議資料まですべての作成が終わっていた。

それから彼は必死になって自分が会社を一週間休んだ証拠を探そうとした。

しかし、同僚に聞いても課長と同じような対応をされ、頭のおかしい奴でも見るような目で見られたという。

それどころか、調べていけばいくほど彼が会社を休んだ痕跡がひとつも見つからない。総務に聞いたが有休届など出ておらず、いつもと同じような時刻に出社しいつもと同じような時刻に退社しているのもタイムカードが示していた。

それだけではなかった。

一週間の間にふたつの会議に出席し、議事録に彼の発言も記録されていたし、休みを取っていた期間も社員食堂で食事をしたことまで記録されていた。

同僚と飲みに行った日もあったらしく、彼が立て替えてくれたという飲み代を返しに来る同僚もいた。

次第に彼は何か得体の知れない気持ち悪さを感じ始めたという。

しかし、怪異はそれだけでは収まらない。

実家からは、久々に帰って来てくれて嬉しかったよ、いう電話があった。

北海道の道東にある実家から。

また、どうやら彼はその一週間の間に友人ともキャンプに行ったり飲みに行ったりしていた事実も判明した。

それは、もしも彼が記憶違いで本当に登山に行っていなかったとしても、とても一人でこなしきれるスケジュールではなかった。

ドッペルゲンガーってやつなのか？

だとしても、いったい俺が何人いるんだ？

警察に相談することもできず、彼は一人で悩むことしかできなかった。


不可解な出来事は彼が登山から戻って来てからも続いた。

ある日、自宅マンションの部屋に帰宅すると、部屋の中が模様替えされていたのである。

さすがに警察に通報したが、見つかるのは彼の指紋だけで防犯カメラにも彼の部屋へ出入りする映像など残されてはいなかった。

行きつけの飲み屋からはツケで飲んだという請求書が届き、注文した覚えのない商品まで届く始末。

自分の頭がおかしくなってしまったのかと心神喪失状態になり、会社を数日間休むことになった彼だったが、その後、出勤した時、その間も彼は休むことなく仕事をしていたという事実を知るとともに、確かに彼が会社に連絡した病欠に関しても誰一人記憶している者がいないということがわかった時点で彼は会社を退職した。

彼と瓜ふたつで筆跡まで同じ分身が、彼よりも優れた仕事をこなし、上司や同僚、友人たちからも評判が良いことがわかった時、彼の中の何かがプツンと音を立てて切れてしまったという。

自分という存在は何なのか？

自分は生きている価値があるのか？

いや、自分は本当に自分自身なのか？

それがわからなくなった彼は自殺未遂の末、働けない体になり、現在は田舎町で誰とも接触せず一人きりで暮らしている。

そんな状況で、さらに彼は命の危険を感じていて、二四時間お香を焚き、粗塩と護符で自分なりに結界を貼った中からできるだけ出ないようにして身を守っている。

パソコンもスマホも廃棄し、俺へこの話を聞かせてくれた際にもネットカフェのパソコンを利用するほどの徹底ぶりだった。

実は彼は、登山中に沢山の写真を撮影していた。

風景だけの写真もあったが素晴らしい風景をバックにセルフ撮影した写真もあった。

彼は自分が登山に行っていた証拠としてその画像を真っ先にみんなに見せて納得してもらおうと考えた。

しかし、スマホの中の画像にも、持参したカメラで撮影した画像にも、彼はまったく写ってはいなかった。

代わりに写っていたものがあった。

それは濃い白色の雲の塊のような何か。

それがすべての風景写真とセルフ撮影とに写り込んでいたという。

しっかりと人の形だと認識できるソレは姿かたちが彼に酷似しており、口元に厭な笑みを浮かべているように見えた。

そして、日増しにその白い影が彼に似てきているのが認められた時、彼はそのすべてのデータを消して、パソコンもスマホもカメラも廃棄した。

白い影が完全に実体化した時が、自分自身の命日になるのではないか。そんな不安が拭えなかった。

だから彼は、結界の中から出ないように生活している。

もしソレがやって来て鉢合わせてしまったら、今度こそソレは彼に成り代わり、本物になってしまうのではないか……。

それが恐ろしくて仕方がないのだと。

成りすまし

前話と非常に似た話を聞くことができたので、こちらも紹介したい。

怪談における類話は大変興味深く、同じような怪異に悩まされている方に何か糸口を示せるのではないかと思っている。

高部さんには友達がいない。

もうすぐ四〇歳だというのに結婚しないどころか、それまで異性と付き合ったこともない。

原因は自分の性格にあることは彼も自覚しているそうなのだが、四〇年近くこの性格で生きてきたのだから、それを根本から修正するのは、あまりにも難しいという。

どんな性質かと聞くと、まず他人にひどく厳しい。そのくせ自分には甘く、絶対に自分のミスを認めない。おまけに潔癖症で、融通が利かない。

一言でいえばそんな性格らしいのだが、確かにそれが本当ならば、結婚どころか仲良くなりたいと思う者もいないに違いない。

そんな彼であったから、既に自分一人で、誰とも関わらず生きていく覚悟はできていた。

給料は可能な限り貯金に回し、四〇前にして預金額は相当な金額になっていた。中古ながら終の棲家にできる一戸建てを購入し、そこに住んでいる。

一人で楽しめる趣味として絵を描いたり写真を撮ったり映画を観たりと、それなりに充実した休みも過ごしている。

それならば孤独以外に悩みはないのだろうと思うのだが、どうやらそうでもないらしい。

奇妙なことが、一年ほど前から始まったのだという。

ちょうどその頃、彼が帰宅すると部屋の電気が点けっ放しになっていることがよくあった。

潔癖症で神経質な彼が電気を消し忘れることなどあり得ないのだが、何度確認して家を出ても、帰宅すると家中の明かりが点いている日が続いた。

また仕事から帰宅すると家の鍵が開いたままになっていたり、新聞やリモコンが部屋の中に投げ捨てられたように無造作に置かれていたりすることもあった。

几帳面な自分がそんなことをするはずがない。

誰かが家に侵入しているのではないかと思い、家の鍵を変えたり、電気のブレーカーを落として出社したこともあったが、帰宅すると鍵は開いたままで、やはり家中の明かりが点いている。

そのことで悩んでいた彼だったが、ある日を境にそんな不可思議な出来事は一切起こらなくなった。

ホッと胸を撫でおろしていた彼だったが、それからが大変だった。

まず、郵便物がまったく届かなくなり、新聞すら来なくなった。

すぐに新聞の集配所に電話をかけて文句を言うと、想定外の言葉が返ってきた。

「引っ越しされるから、新聞はもう解約するって連絡を頂きましたよね？」

慌てた彼は、今度は郵便局に直接言って問い合わせると、郵便物の配達先の住所変更がなされていた。

「そんな届け出なんかしてません！」と文句を言うと、移転先の住所は簡単に聞き出すことができた。

それは東北地方の、とある地方都市の住所だった。

彼が住んでいるのは大阪であり、東北には親戚すらいなかった。

さらに、ネットでその住所を検索した彼は二度驚かされた。

その住所にあるのは既に閉鎖されている斎場跡だったのだ。

これはいったい何の冗談なんだ？

怒りとともに得体の知れない気持ち悪さを感じた彼だったが、とりあえず郵便物の配達先と新聞の配達先を再び彼の家の住所に戻すと、それ以上は詮索しないことにした。

しかしそれからも不可解な事態は収まることがなかった。

見知らぬ人から「ご会葬御礼」のハガキが届くこともあったし、彼が実際に参列した葬儀や結婚式でも、

「あの、先ほども受付されましたよね？」

と怪訝そうな顔で聞き返されることもあった。

また会社の同僚からも、

「昨晩は楽しかったよ！　また飲みに行こうな」

と声を掛けられることもあったし、実家の両親からも、

「久しぶりに顔を見せてくれて嬉しかったわ。またいつでも帰っておいで！」

という電話までかかってくる始末。

その時点で彼は確信した。

両親や同僚が信じ込んでしまう程に自分そっくりな誰かがいて、悪さをしているに違いない、と。

そこで彼は念のために戸籍謄本をとって確認してみることにしたのだが、あまりの現実に思わず言葉を失ったという。

戸籍上、彼は既に結婚していることになっていた。

相手の名前にはもちろん心当たりがない。

しかも住んでいる場所は件の閉鎖された斎場跡。

何が起こっているのか、まったく理解できなかった。

それでも彼はすべての謎がその東北の土地にあるのではないかと思い、会社に無理を言って有休をとると、すぐにその住所の地へと向かった。

しかし、いざその場所に行ってみると、閉鎖された斎場は取り壊され、既に更地になっていた。

訳がわからないまま帰路に就いた彼は、電車を待っている際に意識を失い、気が付いた時には沢山のチューブや針を刺された状態で病院のベッドに横たわっていた。

駅のホームに入ってきた特急列車にふらふらと近づいて行った彼は、運よくレールに落ちることなく電車に弾き飛ばされた。

しかし、それでも彼が助かったのは奇跡以外の何ものでもないと医師は告げたという。

彼はその後何回かの手術を受け、長いリハビリを乗り越えてようやく退院できたのだが、とても一人で日常生活を送れる状態ではなく、現在は実家で両親の介助を受けながら生活している。

無理をすれば外に出ることも可能らしいが、彼は実家に引っ越してからというのも一度も外へは出ていないという。

彼の顔は骨が砕け皮膚が擦過によって溶けてしまい、とても人間の顔とは呼べない状態になってしまっていたからだ。

ただ、実家に移り住んでからは不可解な出来事は一切起こらなくなった。

彼はここにきて、ようやくこれまでの不可思議な出来事の真相が理解できたという。

実は、彼は入院している間に何度もソレと遭遇しているのだ。

身動きもできずベッドに横たわる彼の枕元に、ソレは突然現れた。

その顔は彼に似ているというよりも、もはや彼の顔そのものであり、着ている服や声までもが完全に彼と同一だった。

ソレはしばらくの間、身動きできない彼をニヤニヤと笑いながら見下ろしていた。

そして――。


「惜しかったね……もう少しだったのに」


そんな言葉を彼に投げかけてからフッと消えていった。

そんなことが何度か繰り返された後、それはパッタリと彼の前に現れなくなった。

「今、どこで何をしているのか僕にもわかりませんが、きっと日本のどこかで悪さをしてるんでしょうね……。僕の時と同じように他の誰かに成りすまして」

最後に彼はそう言っていたが、確かにソレはいったい何モノなのか？

幽霊なのか？

それとも妖怪か、もっと別の何かなのか？

それは俺にもわからないが、もしかしたら彼の言うように、ソレはごく当たり前のように自分のすぐ近くに居て、自分に成りすましている存在なのかもしれない。

七センチの隙間

まず最初にお伝えしたいのは、この話を読むにしろ聞くにしろ、少しでも気分が悪くなったら、すぐに中断していただきたいということである。

トラウマになっても困るし、寝られなくなっても私としては責任の取りようがないからだ。

これから書く話はそういう内容になる。

沢田さんは過去に一枚の画像を見てしまった。

電車による人身事故の画像だった。

ただしその画像に写っている女性が自殺だったのか、それともあくまで偶発的に事故に巻き込まれたのかは今となってはもうわからない。

その女性は既に亡くなってしまっているのだから。

当時の彼は、ネットのアンダーグラウンドをウロウロするのが日課になっていた。

その頃のアンダーグラウンド世界は、今の闇バイトのような犯罪に巻き込まれる類の危険は稀だった。

たしかに呪いの代行サイトや、ゲームやソフトのハッキングに関するサイトは多かったが、今と違って直接犯罪に巻き込まれる危険性は少なく、自制心さえあればそれほど危うさは感じられなかった。

ただ別の意味での闇は存在していた。

ニュースや新聞には絶対に載らない画像や映像が、なんの苦労もなしに簡単に閲覧できたのだ。

いわゆるグロ画像、グロ映像と言われるものだが、映像はともかく画像に関して言えばかなりの中毒性があったように記憶している。

最初は気持ち悪くて直視できなかった画像も、慣れてくればどんどん怖いもの見たさが上回り、好奇心を加速させていく。

そんな中で彼が出合ったのが、一枚の人身事故画像だった。

既にどんなに凄惨な死体画像を見ても動じなくなっていた彼だが、その画像を見た瞬間は体が固まった。

これはどういう状況なのか？

どうしたらこんな状況になるのか？　と。

そう思った時には無意識にマウスを持つ手が画像を拡大表示させていた。

その瞬間、彼の頭の中にはその画像がしっかりと焼き付けられ、一種のトラウマとなった。

単にトラウマと言うより、〝とり憑かれた〟と言っていいだろう。おそらくそれが決定的な瞬間であった。

その後も、その画像の惨事がどういう経緯で発生したものなのかという興味だけがどんどんと膨らんでいく。

彼は、その画像に関する書き込み、事故の目撃情報を徹底的に探した。

できるだけその画像は直視しないようにしながら、それが撮られた背景を調べつくす。

矛盾極まりない苦労のはて、その人身事故の発生経緯が少しずつ判明していった。

皆さんは駅のホームと電車の間に在る隙間はどれくらいかご存じだろうか？

一般的には高低差が三センチ、そして隙間の幅が七センチだそうだ。

だから、ごく稀に子供がその隙間に片足を落としてしまう事故が起きているのも納得できる。

それ自体も本当に恐ろしい事故ではあるが、その画像の女性は単なる怪我では済まなかった。

女性はＯＬ風で二〇代。

髪は肩くらいまでの長さで、どちらかと言えば細身の女性だった。

彼女はその日、電車が入って来るホームから線路へ落下してしまった。

自殺を図ったのか、それともふらつきによる事故なのか、もしくは誰かに突き飛ばされたのか、真相はわからない。

ただ、落ちた直後に必死にホームへ這い上がろうとしたということだから、きっと自ら飛び降りたのではなかったに違いない。

ホームの下には、線路に落下したとしても、ギリギリ体を入れて電車と接触せずにやり過ごせるスペースがもしもの時のために作られている。

しかし、その時ホームに居合わせた人は誰もそのことを知らなかったか、もしくはそれを大声で叫んでいたとしても、パニックになっている女性の耳には届かなかったのかもしれない。

女性は必死になってホームに這いあがろうともがいていたという。

しかし線路とホームの間にはかなりの高低差がある。

余程の体力自慢かスポーツマンでもなければ、簡単によじ登れる高さではない。ましてや女性で、気が動転しパニックになっていたとすれば、なおさら無理というものだろう。

もうひとつ不運だったのは、ホームに入ってきたのが駅を通過する特急電車ではなく、その駅で停車するために徐々に減速してきた普通電車だったということだ。

誤解を恐れずに言えば、もしもホームに入って来た電車が高速度で通過していく特急電車だったなら、その女性は一瞬で潰されるか巻き込まれて引きちぎられ、痛みを感じるのはほんの一瞬で済んでいただろう。

逆に言うと、ホームに入って来た電車が速度を落としながら入って来た普通電車だったからこそ、その女性はすぐに死ぬこともできず、長い時間、耐えられない痛みと羞恥に晒されることになってしまったのだ。

また、その女性が細身で頭も小さかったことも災いした。

必死に這い上がろうとする女性の頭部を挟んだまま、その普通電車はゆっくりと一〇〇メートルほど進んで止まった。

最初に断末魔的な叫び声が聞こえたが、その声は一、二秒で聞こえなくなった。

代わりに聞こえていたのはホームにいた他の客の悲鳴と、その女性をホームと車体で挟み込みながら進む嫌な擦過音だけだったという。

鉄でできた電車とコンクリートでできた駅のホーム。

電車に貼り付けられていた後頭部にはそれほど酷い怪我はなかったのかもしれない。

しかしホームと接触していたのは、顔の眉毛より少し下の部分。

ゆっくりとした速度とはいえ、鉄の塊である電車の圧力というものは凄まじいものだったのだろう。

結果としてその女性の顔は確実に削られ、電車が完全に停止した時には眉毛から上の部分がホームの上に五センチ、いや七、八センチほどはみ出しているだけだった。

つまりそこから下の部分、彼女の顔は削られていたということになる。

駅のホームはまさに地獄のようだったという。

その場にうずくまり泣き叫ぶ人、吐き出す人、逃げるように走り出す人、そして彼が見たという画像を嬉々として撮影する人。

そんな中にも駅員に混じって懸命にその女性を救おうとする人達もたしかに存在した。

なんと、その時点でまだ女性は生きていたのだ。

目も。鼻も。口も。歯も……。

すべてを削り取られてなお女性は生きていた。

実は顔が削られた際、女性の腕や指も巻き込まれ人間の手とは思えない状態であったが、それでもまだ女性の指は動いていたそうだ。

警察や救急、レスキューもすぐに到着し駅は騒然となったが、あまりに想定外の状況に救出方法はなかなか決まらなかった。

電車を横にずらすことは不可能で、ホームを削る案を検討し準備を進めていた頃、その女性の指はピクリとも動かなくなった。

そこで死亡が確認されたため、やむを得ず女性の体を固定しゆっくりと電車を進ませて女性の遺体を電車とホームの間から解放しようとした。

しかし、死んでいるはずの女性の体はその瞬間、ビクンッと大きく跳ねるような動きをした。

それが、彼が見た画像が撮られた経緯、その一部始終なのだそうだ。

挟まれた状態から解放された女性は後頭部も陥没しぐちゃぐちゃになっており、顔面に至っては眉毛から下がちょうど九〇度の角度できれいに欠損し、肉の断面に髪の毛が貼りついていた。

顔が接触し、引き摺られたまま擦過していたホームには一〇〇メートルほどの長さでベッタリと血の模様がついており、潰れた目や鼻と思われる肉片や髪の毛がこびりついていたということだ。

掲示板にはそうした現場の凄惨さがリアルに書かれていたが、それだけではなかった。

事故から日が経つにつれ、今度はオカルト的な要素がちらほら見受けられるようになったのだ。

例えばこんな書き込みだ。

〈駅の監視カメラには視えない何かに引っ張られるようにしてホームから転落する女性

の姿が映っていた〉

〈その人身事故の後、その駅での飛び込み自殺が異様に多くなった〉

……などなど。

それらはあくまで噂の域を出ていない。

ただ、唯一彼が信じている怪異が存在する。

それは――

〈事故の際、現場にいた人達の元へその女性の霊が現れる〉

というものだ。

中には精神的におかしくなってしまった者や自ら命を絶った者までいるらしい。

ではどうして彼がその噂だけはフェイクではないと思っているのかと言えば、もうおわかりだろう。

どうやらその女性らしき霊が、彼の元にもやって来たというのだ。


夜、自室で寝ていた時のこと。

部屋のドアが勝手に開き、その隙間から顔の下部分がきれいに削り取られた女性が廊下に立っているのが見えたという。

部屋も廊下も薄暗く、ぼんやりとしか見えなかったこと。

そして悪趣味であることは否めないが、彼自身がグロ画像やグロ動画に耐性があったから気が狂わずに済んだのだろう。もし普通の人がそれを見てしまった場合、正常な精神状態を保つのは難しいだろう、と彼は断言した。

彼女はどうして彼の元にやって来たのだろうか？

彼は事故の現場にはいなかったし、ただ事故後の画像を偶然ネットで見てしまっただけである。

それなのに彼女は現れた。

もしかしたら、自分の見て欲しくない姿を見られたことが嫌だったのかもしれない。なんと言っても若い女性なのだ。見た者の記憶をその存在もろとも消してしまいたいと思っても不思議ではない。彼女が現れて、精神に異常をきたしたり、自ら命を絶ったりした者がいるというのは、その場で嬉々として撮影していた者たちなのではあるまいか。

幸い、画像を見てしまった彼の元にはそれ以降、その女性がやって来ることはなかったし、事故や事件に巻き込まれるような霊障も起きてはいない。
だから画像さえ見なければまったく問題はないと判断した。
少なくとも、話を聞いただけの俺の元にはまだ、彼女はやって来てはいない。

一日一善

菅野さんは幼い頃から両親に厳しく育てられた。

門限も決められ、食事のマナーや挨拶にもうるさく躾けられた。

その中でも特に厳しく言われていたのが「一日一善」というもの。

一日に必ず一度は善い行いをしなさい。

それはいつか自分に返ってくるから……。

そんな教えだったそうだ。

だから東京に住んでいた時も、彼女はしっかりとその教えを守って暮らしていた。

横断歩道や坂道でお年寄りを見かけると、優しく声を掛けて手伝ったり、ゴミが散乱しているのを見つければ、すべて拾い上げてゴミ箱へと運んだりした。

些細なことかもしれないが、そうやって何かひとつでも誰かの役に立てたと思うだけで気持ちが温かくなれたし、その日一日が意味のあるものになった気がした。

しかし、どんなに善い行いをしても、相手によってはとてつもない怪異を引き寄せてしまうものなのかもしれない。


その夏、彼女は友人二人と三泊四日で旅行に出かけていた。

高校時代の親友たちとの旅行は久しぶりで、とても楽しいものだったし、まるで高校時代に戻れたかのように感じられて貴重な思い出になった。

そんな旅行の最終日、彼女たちは高知県の足摺岬へ出かけた。

言わずと知れた自殺の名所だが、噂に聞いていた通りの絶景が広がり、観光地化された岬に自殺という暗いイメージは感じられなかった。

ところがそこで、彼女は岬の先端近くに立ち、ぼーっと海を見下ろしている一人の女性の姿を見つけてしまった。

考えるよりも先に体が動いていた。

一気に走り出した彼女はその女性の元に駆け寄ると、顔を覗き込みながら明るく話しかけた。

「こんにちは！　いい天気ですね！　お一人ですか？」

そして、ほんの一瞬、間を開けて、

「まさか死のうなんて考えてないですよね？」

とそっと訊ねた。

するとその女性は少しだけ顔を向けて、

「死ぬ？　あなたは？」

そう聞いてきたという。

思わぬ返しに呆気にとられてその女性を見つめていると、一緒にいた親友二人が慌てて彼女に駆け寄ってきた。

「ちょっと、急に何してんのよ！　危ないでしょ！」

「そうよ、まさか自殺なんかしないでよね！」

と冗談っぽく声を掛けてきた。

「いや、そうじゃなくてこの女の人が……」

そう言おうとして辺りを見回すが、先程までそこにいたはずの女性の姿が消えていた。

どうやらその女性の姿は親友二人には見えていなかったらしく、突然岬の先端目がけて走り出した彼女を慌てて追いかけてきたのだと説明された。
その時は、不思議なこともあるものだなぁという程度で気持ちを切り替えたのだが……。

その後帰路につき、彼女は大阪駅で親友二人と別れた。三人それぞれが別の土地で就職していたので、彼女もそこからは一人で東京へと帰ると、旅の疲れでその夜は午後一〇時にはベッドに入っていた。

カシャン。

彼女がウトウトしかけた時、ポストに何かが入れられる音がした。
こんな時刻に……なんだろう？
そう思った彼女は、ベッドから起き上がると玄関へ確認しに行こうとした。
その刹那、突然玄関のチャイムが鳴らされた。
慌ててモニターカメラを確認したがそこには誰の姿も映ってはいない。

しかし玄関のチャイムは五秒くらいの間隔で、ずっとピンポーン、ピンポーンと鳴り続けている。

いい加減にしてよね……何時だと思ってるのよ。

そう思いながらも彼女は、

「はーい、どちら様ですか？」

と声を掛けながら玄関へと近づいていく。

しかし、何の返事もない。

仕方なくポストの中を確認すると、中には一通の封書が入れられていた。

薄汚れた古い便箋に封はされておらず、差出人の名前すら書かれてはいなかった。

なんなのよ、これ……？

封筒の中身を確認すると、中には一枚の紙と写真らしきものが入れられていた。

それをまじまじと見た彼女は、ひゅっと息をのんで固まった。

四つに折りたたまれた白い紙は薄茶色に変色し、赤黒い文字で、
あなたは？

とだけ書かれていた。

そして、黄ばんだ写真には間違いなく昼間、足摺岬で見かけた女性の顔が岬をバックにして大きく写り込んでいた。

全身に悪寒を感じ、彼女はリビングに戻るとガタガタと震えるしかなかった。

しかし、結局玄関のチャイムの音は朝方まで鳴り続け、彼女はそのまま一睡もできないまま朝を迎えた。

その日はなんとか仕事に出かけた彼女だったが、眠気と恐怖でまったく仕事が手に付かない。

それでも気力で定時まで仕事を続けた彼女は、そのままマンションへ帰るとすぐに眠ることにした。

しかし、夜の一〇時頃に目が覚めた。

また玄関のチャイムが鳴らされたのだ。

彼女はまたしても一睡もできぬまま朝を迎えたが、ポストを確認すると昨夜と同じように一通の封書が入れられていた。

書いてある文面は同じ。

しかし写真には神戸駅をバックにしてアップで写る同じ女の顔が写っていた。

それからは毎晩同じことが続いた。

書いてある文面は同じ。

しかし、写真に写る女のバックには駅や建物など明らかに地名がわかるものが写り込んでおり、それは大阪、名古屋、静岡と少しずつ確実に東京へ近づいて来ていることに気が付いた。

彼女は藁にもすがる思いで同僚に相談すると、どうやら同じ会社にとても霊感が強く何度も除霊をこなしているという先輩の女性社員がいることがわかった。

その先輩女性に会い、経過を話して封書に入っていた紙と写真を見せた。

すると、しばらくまじまじとそれらを見つめていた先輩は、

「う〜ん、これはかなり危険な自殺霊だね。でも、大丈夫だよ、私がなんとかしてあげるから。これまでにも何度も危険な除霊も成功させているから、大船に乗ったつもりでいてちょうだい」

そう言ってくれた。

彼女はようやく縋れるところが見つかって、ホッとして帰路に就いた。

その夜、早速その先輩社員が彼女のマンションへ除霊に来てくれることになっていた。

時刻は午後一〇時頃。

これでもう何も怖がることはない。

そう思って部屋でテレビを観ていると、やはりまた玄関のチャイムが鳴らされた。

時計を見ると午後一〇時を少し回っていた。

しかし、チャイムは鳴らされ続け、その先輩がやって来た気配もない。

午後一一時を過ぎた頃、彼女は我慢できなくなり教えてもらっていた先輩社員の携帯に電話をかけた。

するとしばらくして息が切れ、何かに追われているような声で電話が繋がった。

「あんなのは無理。私には無理だから。自分でなんとかして……」

そう一方的に言われて電話は切れた。

そうしてまたしても彼女は一睡もできずに震えたまま朝を迎えた。

翌日、会社に行くと信じられない報せが彼女を待っていた。

昨夜、その先輩社員が横断歩道を渡っていた際、突っ込んできた車に轢かれ即死した、というのだ。

それを知って彼女はすぐに会社に辞表を出して仕事を辞めた。

住む場所も転々としたが、どこに引っ越しても夜一〇時になるとチャイムが鳴らされ、一通の封書が投函されていた。

そのうち、彼女は俺にも現住所を教えてくれなくなった。

今では玄関のチャイムを外し、ポストもない部屋に住んでいるそうだ。

それでも一週間もすれば在るはずのないチャイムの音が聞こえはじめ、玄関のドアには封書が挟まっているそうだ。

その度に引っ越しを繰り返しているという彼女だが、最近いくつかの違和感に気が付いたという。

それは、あれだけ鳴らされ続けているチャイムの音が、同じ階の住人にはまったく聞こえていないということ。

そして、女が自撮りしたとしか思えない写真だが、明らかにビルの上や海の上など足場のない空中から撮影したとしか思えない構図だということ。

そして紙に書いてある文字がいつからか、「あなたは？」から「もう待てないよ」という文字に変わったのだそうだ。


実はこの件では俺も知り合いの霊能者であるAさんにも相談していた。

なんとか助けてあげられないものか……と。

するとAさんは話をすべて聞き終えてから、

「もう遅すぎますね。それに、これって自殺霊なんかじゃありませんよ。自殺霊はその場から動けず、相手をおびき寄せて自殺に追い込むモノです。だから、これはどちらかといえば死神に近い存在です。下手に首を突っ込んだら、こっちの命まで持って行かれてしまいますよ……」

そう返してきた。

その後、彼女は何度かの引っ越しの後、俺に最後の連絡をくれた。

どうやらその日にまた封書が届いたそうだ。

封書には「みいつけた」という文字と、彼女の部屋の中で撮影されたとしか思えない背景で満面の笑顔を浮かべる女性の顔がアップで写っていたようだ。
彼女は最後の電話で俺にこう言った。
「もう実家に帰ります」と。
実家なら助かると思った訳ではない。
死ぬのならばせめて、家族の傍で死にたいと思っただけ。
その後、彼女とは一切の連絡が取れなくなった。
せめて生きていて欲しいと願ってはいるが、それは無理な話なのかもしれない。

ハカが見える

横島さんは東京で介護士として働いている五〇代のシングルマザー。

三〇代の頃に離婚を経験し、それ以来女手ひとつで二人の息子を育ててきた。

介護士ともなれば仕事もハードで多岐にわたり、夜勤もあるのでさぞかし大変な日々に違いないと想像するのだが、今はもう二人の息子さんも結婚して独立しており、なにより彼女自身が介護の仕事にやり甲斐を感じて、天職だと思っているそうで、決して辛いだけの仕事ではないという。

そんな彼女が勤務する介護施設は二四時間体制で入居者の世話をしており、これまでも様々な境遇の高齢者を見てきた。

毎週末家族が会いに来る者、入居以来一人も見舞いが来ない者、乱暴な者、死んだような目をした者……本当に千差万別で、彼女はいつも入居者がこれまで過ごしてきた人生に想いを馳せてしまう。そして思うのだ、たとえどんな人生を送って来ようとも、この施設に入った以上は平等に、楽しく穏やかに余生を過ごせますようにと。そんな思いで自分なりに努力してきたという。

彼女はできるだけ多くの入居者さんと、家族や友人のように仲良くなるように努めていた。

介護の仕事はたしかに大変で、入居者に振り回されることも多い。それでも一緒に過ごす時間が多くなってくればやはり情が移る。

ただ高齢者の介護施設となれば死とは無縁ではいられない。

突然体調が悪化し、救急車で病院に搬送された後、死亡の連絡をもらうことも多かった。朝入居者を起こしに行くと既に息を引き取っていたということも一度や二度ではない。

だから彼女は、高齢者と一緒にレクリエーションをしている時間が一番好きだった。本当に簡単な遊びだが、入居者たちはまるで子供に戻ったかのように楽しみ、無邪気に笑ってくれた。そんな笑顔を見ていると、日々の大変さや、いつ来てもおかしくない別れの不安をつかの間忘れることができるのだという。

職員たちは集まって相談し、常に新しいレクリエーションを考えては取り入れていった。

そしてある時、職員の一人がこんな遊びを提案した。

黒板に一〇個程度の品物のイラストと品名を描いた手作りのカードを貼りつけ、それを一定時間内で記憶してもらい、手渡しておいた白い紙に憶えているだけの品名を書いてもらうという遊び。

七五歳以上のドライバーを対象とした認知機能検査でも採用されている方法だが、それをもっとゆるくして、正解の分だけ景品を出す。

景品といってもお菓子程度のものだが、入居者たちの頭の体操にもなると考えられ全員一致で採用されたという。

実際にレクリエーションに取り入れてみると予想以上に好評だった。

職員が幾つかの食品や日用品の絵を黒板に貼る。絵の下には品物の名前がカタカナが大きく書かれており、それらを二分間ほど入居者達に見せてからカーテンで隠す。

入居者たちは皆、黙って記憶を辿っては思い出した物を紙に書いていく。

全問正解の者もいればひとつかふたつしか覚えられない者もいた。

しかし、それでまったく問題はなかった。

皆が少しの間頭の体操をし、それが楽しい時間になっているのだからそれで十分だった。

しかし、レクリエーションを始めて半月ほど経ったある日、ちょっとした異変が起こった。

いつも全問正解をしていた女性入居者のIさんが一問も正解しなくなったのだ。

紙に書かれている文字を見ると、一言だけ「ハカ」と書かれている。

最初はその文字の意味もわからず、ふざけているだけだろうと思っていたが、どうやらそうではなかった。

二問目でも三問目でも「ハカ」とだけ書かれており、四問目の時には「ハ」とだけ書かれていた。

「Iさんどうしたの？　ハカってどういうこと？　そんなもの黒板に貼られていなかったでしょ？」

そう聞いてみたが、彼女はしっかりとした口調で、

「何言ってるんだい？　ちゃんと黒板にはお墓のイラストとその下に「ハカ」という文字が書かれていたじゃないか。私はまだ頭も目もしっかりしてるんだからね！」

と、そんな言葉を繰り返すばかり。他におかしなところは見受けられなかった。

二日後も同じリクリエーションをしたが、Iさんはまた「ハカ」とだけ書いた紙を見せてきた。

職員たちは少し困惑したが、それ以外の場面でIさんに認知症を疑われるような様子はまったくなかったので、きっとゲームに飽きてしまったか、面白半分で周りをからかっているのだろうと楽観視していた。

しかし、Iさんがレクリエーションで「ハカ」と書き始めてから四日目の朝、ベッドでそのまま亡くなっているのが発見された。

そのレクリエーションは彼女が亡くなってからも続けられたが、やがて複数の入居者がIさんと同じように「ハカ」とだけ紙に書いて見せるようになった。

そして、なぜか「ハカ」という答えを書くようになった入居者は、四日目の朝に必ずベッドで亡くなっているのが発見されたという。

それを受けて、まさかとは思ったがすぐにそのレクリエーションは中止されることになった。

だが、既に手遅れだったのかもしれない。

しばらくして壁や窓など施設の至るところに「ハカ」と書かれているのが見つかるようになった。

誰がそんなものを書いたのかもわからず、彼女達職員は施設中を点検して「ハカ」と書かれていないかを確認するのが日課になった。

それでも死の連鎖は止まることはなく、数日おきには必ず朝ベッドで亡くなっている入居者が見つかり続けた。

そしてある時、とうとう職員の中からも突然死する者が出てしまった。

しかも、それと同時に絶対に手が届くはずのない職員の部屋の天井に「ハカ」と書かれているのが見つかった。

まるで血のような赤黒い色の文字で……。

慌てて神社にお祓いをしてもらったが効果はなく、一度消した天井の文字がひと月もするとじわじわと浮かび上がってきた。

彼女はそれを見てその介護施設を辞め、現在は少し遠いが別の介護施設で働いている。

あれからその介護施設がどうなったのか。
当時の同僚とも疎遠となった今、彼女にもわからないという。

本当の目的

小谷さんは現在三〇代の主婦。

家族構成は四歳年上の夫と小学五年生の一人娘で、郊外の中古住宅に住んでいる。

家事と仕事を両立させながら、平日の夜や土日は地元のママさんバレーのチームで練習に励むアクティブな女性だ。

そんな彼女はある日曜日、ママさんバレーのメンバーと一緒にボランティア活動に参加した。

年に一度、地元への慈善活動として道路に落ちているゴミを拾うのがそのチームの恒例行事になっており、彼女も過去に二回ゴミ拾いに参加していた。

勿論、ゴミ拾いが終わった後の飲み会が本来の楽しみだったそうなのだが。

ゴミ拾いには他の様々なスポーツ関係者も参加しており、それぞれが担当になった場所のゴミを拾いうことになっていた。

過去に二度、ゴミ拾いに参加した時には、あくまで地元の公園や公共施設の周辺に落ちているゴミを拾ったが、その年のゴミ拾いでは地元ではなく、大きな幹線道路が彼女の所属するバレーチームの担当区域となった。

幹線道路脇の歩道に落ちているゴミを拾っていくのだが、彼女にしてみれば一度も通ったことのない道。

それが、この先起こるすべての元凶になった。

彼女が慈善の気持ちで行ったゴミ拾いが、結果としてとんでもない怪異を呼び寄せてしまうことになるのだから……。


その日は午前中に集合し、手分けして幹線道路のゴミを拾い始めた。

天気も良く、少し暑い以外はとても作業はしやすかった。

ゴミが散乱しているという情報も入っていたし、そのために今年はその一帯を手分けして掃除するのだということも知らされていた。

しかし実際に現場に到着してみると、想像以上の無法地帯で、散らばったゴミの多さに呆然となった。

とても一日では拾いきれない量に感じたという。

しかし、自分の割り当て箇所のゴミ拾いは確実に終わらせなければいけない。

彼女はすぐに作業を開始した。

拾ってはごみ袋に入れる。

それだけの単純な作業だったが、これがなかなか捗らない。

それはある程度の分別をしながらゴミ袋に入れていたからなのは明らかだった。

そこでみんなで話し合い、とりあえず落ちているゴミを片っ端から袋に入れてしまい、後日改めて分別しようということになった。

そのやり方で進めていくと一気に作業が進み、正午になる頃には持ってきたゴミ袋はすべて使い果たしてしまい、とりあえずそこで作業を終えることにした。

お昼は酒を飲みながらの食事会。

彼女はいつもその時間が楽しくて仕方なかった。

勿論、その時も誰よりも盛り上がって和気あいあいと楽しく飲んでいたそうだ。

しかし、仲間のある言葉で一気に酔いがさめた。

あの道路の○○町の信号のすぐ横にお供え物がしてあったはずだけど、まさかそれもゴミとして拾ってないよね？

お供え物を捨てたりしたら祟られるんじゃない？

それは仲間の一人がジョークのつもりで言った言葉だった。

しかし、彼女がゴミ拾いを担当していたのは紛れもなく○○町の信号の周辺だった。

そして、その辺りに落ちていたゴミは何も考えずにすべてゴミとして袋の中に入れてしまっていた。

そして、彼女にはもうひとつ思い当たることがあった。

その場所には数本の花とビニール袋に入れられたクマのぬいぐるみが落ちていた。

確かにその時ふと疑問を感じた。

どうしてこんな物が落ちているんだろう？　と。

しかし花はすっかり枯れて歩道に散乱していたし、クマのぬいぐるみが入れられたビニール袋も破れ、中のぬいぐるみもかなりうす汚れた状態だった。

何よりもその時の彼女にはゴミかどうかを分別する余裕はなく、作業をさっさと終わらせることだけに思考が集中していた。

だから彼女は、花もクマのぬいぐるみも、一緒くたにゴミとして袋の中に放り込んでいた。

慌てた彼女はその場で一緒に飲んでいた仲間たちに正直に報告した。

「あの……私、もしかしたらそのお供え物をゴミとして捨てちゃったかもしれない……。どうしようか……」

すると仲間の一人が、

「そんなに気にする必要ないよ。花も枯れていて、ぬいぐるみも汚れてたんでしょう？　だったらゴミでいいんじゃない？　それにその花やぬいぐるみがお供え物だったっていう確証もないんだから。私だってきっと同じことをしてると思うよ」

と言ってくれた。だが、やはり彼女はそのことが気になって仕方がなかった。

すると、そんな彼女を見かねた一人が、

「そんなに気になるんなら、私がそのぬいぐるみだけでもゴミ袋から見つけ出して元の場所に帰しておいてあげるよ！　だからそんなことは忘れて今は楽しく飲もうよ！」

そう声を掛けてくれたという。

その言葉で少しはホッとできた彼女だったが、どうやらその約束は守られなかったようだ。

確かに探してはみたが、大量のゴミ袋の中からぬいぐるみを見つけ出すのは困難だとすぐに諦めてしまい、結局そのまま何もしなかったという事実を彼女は後から知った。


ゴミ拾いの後、そんなことはすっかり忘れて生活していた彼女だったが、怪異はすぐに起こり始めた。

最初に、彼女は夢を見た。

夢の中、彼女は誰かの車の助手席に座っている。すると、その車がノーブレーキで飛び出してきた女の子を轢いた。

車が衝突する瞬間の少女の怯えた顔。

車体の下に身体が巻き込まれていく嫌な音とともに、車が急停車する。

呆然としている彼女の目の前で、轢かれた女の子がフロントガラス越しにヤモリのように這いあがってくる……。

自分の悲鳴で悪夢から目覚めた彼女は、部屋の中に肉が焼けるような嫌な匂いを感じて、横で寝ていた夫を慌てて揺り起こした。

だが、その匂いは彼女にしか感じ取れていないようで、夫は不思議そうな顔をするだけだった。

彼女はそんな悪夢を毎晩見るようになった。

いつも同じ場面からスタートし、自分の悲鳴で目を覚ます。

体中に嫌な汗をかいており、夢だというのにあまりにもリアルにその光景を覚えていた。

勿論、彼女はそれまで生きてきて事故を起こしたことも事故を目撃したこともなかったから、どうして自分がそんな夢を毎晩見てしまうのかと不思議で仕方がなかった。

しかし、彼女はすぐにその原因を思い出すことになった。

ある夜を境にして、夢の内容が変わったのだ。

夢の中、女の子はこちらを向いて笑っている。

次の瞬間、彼女は突然突っ込んできた車に轢かれてしまう。

女の子に気付いてから急ブレーキをかけたせいで、女の子の体は車の下に吸い寄せられるようにタイヤハウスの中で嫌な音を響かせた後、何も聞こえなくなった。

呆然とその様子を見ながら立ち尽くしていた彼女の耳に
「痛いよぉ……ママ、痛いよぉ……」

そんな声が聞こえてきた。

まだ生きてるの？　早く助けなきゃ……。

そう思うのだが、助けようにも体がピクリとも動かせない。

そんな彼女の前で、女の子らしき物体が車の下から這い出してきた。

その姿は既に人間の姿をなしてはいなかった。

それでもソレは「痛いよぉ……」と呻きながら地面の上を這ってくる。

そして女の子の手が彼女の足首を掴んだ瞬間、また自分の悲鳴で目が覚めるのだという。

とても人間だったとは思えない、変わり果てた姿で女の子は彼女の夢に現れた。

動けるはずのない肉片が「痛いよぉ……」と呻きながら地面を這い寄って来る。

酷い寝汗と共に夢から目覚めた彼女は、もしかしたら？　と思い、翌日その場所で起きた事故について自分なりに調べてみた。

するとに確かにその場所で死亡事故が発生していた。

ほんの半年ほど前に。

信号無視の車に小学生の女の子が轢かれたという痛ましい事故であり、女の子だけでなくドライバーも事故で大怪我をし、入院先の病院で数日後に死亡している悲惨な事故だった。

そして現場には女の子がいつも大切にしていたぬいぐるみが置かれていたという事実も。

その事実を知って彼女は酷く動揺した。

やっぱり事故の話は本当だったんだ！

もしかしたら私がその大切にしていたぬいぐるみを捨ててしまったから女の子が怒って夢に出てきているのではないか？　と。

彼女は慌ててあの日拾い集めたゴミ袋を一時保管していた場所に向かった。

しかし、既にゴミ袋はすべてゴミ処理場へ運ばれ焼却されてしまっていた。

呆然となった彼女は、あの日ゴミを拾った場所へ再びやって来た。

勿論、約束通りあのぬいぐるみが元の場所に戻されているかを確認するために。

しかし、やはり自分がゴミ拾いをした周辺をどれだけ探してもぬいぐるみは見つけられなかった。

約束は守られてはいなかったのだ……。

その事実を悟り、彼女は呆然とするしかなかったが、それでもどこで事故が起こったのかすらわからないほど相変わらずゴミだらけの現場で、彼女は少しずつ場所を移動しながら何度も手を合わせて事故で亡くなった女の子の冥福を祈った。

(どうか許してください……)

そう祈りながら。

しかし、その女の子の怒りはそんなことで収まる程度のモノではなかったのだろう。

以前はその事故現場で幽霊の目撃が噂になることはなかったが、彼女が悪夢を見るようになった頃と時を同じくして、その場所は心霊スポットとして有名になってしまった。昼夜に拘らずその場所でぐちゃぐちゃに潰れた女の子の姿が目撃されるようになったのだ。

しかも、その女の子は突然道路に飛び出してくるようで、そのため、死亡者こそ出なかったが原因不明の追突事故が現場で多発するようになった。

彼女もさすがに居ても立ってもいられなくなり、今度はその女の子の両親を探そうとした。

直接ご両親に謝罪するとともに仏壇にお線香でも供えさせてもらい、改めて女の子に謝罪しようと考えたのだという。

しかし、警察が被害者遺族の家を教えてくれるはずもなく、なんとか事故現場の周辺で聞き込みを行い、ようやく彼女が辿り着いた情報は、両親は事故後に離婚していて、そのどちらも遠方に引っ越ししてしまっているというものだった。

完全に手立てがなくなった彼女だったが、家族は彼女にこう言って励ましてくれた。

「お母さんはゴミ拾いをしただけなんだから、あまり考えすぎないほうがいいよ！　そんな場所でゴミ拾いをしたら、誰でもゴミかお供え物かなんて見分けがつくはずもないんだから……。それにもう、その女の子にも気持ちは十分に伝わってると思う。だからもう許してくれてるよ……」と。

彼女も内心ではそう思っていたし、そうであってほしいと願っていた。

だが、根本的に彼女の家族は幽霊など存在するはずがない、と思っていた。

悪夢を見ることは誰にでも起こり得ることであり、事故現場での幽霊目撃談もあくまで噂に過ぎなかったのだから、そう考えるのも仕方のないことかもしれない。

しかし、それから時を置かずして、彼女だけでなく家族も、幽霊というものが本当に存在しているのだということを思い知らされる事態になった。

彼女の悪夢は現実を侵食し、日中は常に誰かの視線を感じるようになっていた。そして夜中は、誰かが自分の手を握る感覚で目を覚ますことが多くなった。

家族で出かけていて誰もいないはずなのに、家の中から悲鳴が聞こえ続けていたと近所の人から聞かされたり、家の中から異臭がすると苦情を言われたりすることもあった。

そしてある日、決定的な怪異が家の中で発生する。

真夜中に家の中で聞こえた声。

「痛いよぉ……痛いよぉ……」

という女の子の声で家族全員が目を覚ました。

皆で固まってその声の発生場所を探していると、突然彼らの前にぐちゃぐちゃの体で廊下を這いながら近づいてくる女の子の姿を見てしまう。

金縛りに遭ったかのように全員が動けなくなり、そんな彼らに這い寄ってきた女の子は、

「痛いよぉ……痛いよぉ……」

と小さな声で呟いていたかと思うと、突然彼らに顔を近づけてきて、

「痛いって言ってんだろ！」

と低く怒鳴るように叫んだという。

彼らは藁にもすがる思いで霊能者やお寺に助けを求めたが、高額な謝礼を払わされただけで何も解決しなかった。

そして彼らは最後の手段に望みを託した。

あらゆる伝手を使って、女の子の母親を探し出した。

そして今起きていることを説明したうえでなんとか助けて欲しいと頼み込むと、最初は渋っていた母親も手伝ってくれることになった。

やるべきことは決めていた。

女の子が大切にしていたというクマのぬいぐるみと同じ物を買って、再びその場所に供える。

それだけだった。

母親に教えてもらい探してみると、そのぬいぐるみは簡単に手に入れることができた。

そして、すぐに母親にも同伴してもらい女の子が事故死した場所を訪れ、大きな花束とクマのぬいぐるみを改めて供えた。

そして家族全員とその母親で手を合わせて女の子の冥福を心から祈ったという。

何か体が軽くなったような気がした。

気が付けばボロボロと涙さえ流れていた。

きっと女の子が許してくれたのだ……。

そう確信したという。

それからは以前のような普通の生活が戻った。

——一ヶ月ほどは。


最初に夫が仕事中に大怪我をし、娘さんも学校の帰り道に自転車とぶつかり大怪我をした。

しかも二人とも大怪我をした際に、あの女の子の姿を目撃していた。

明らかに人ではない何かがじっとこちらを見て笑っていたそうだ。

彼女はもう一度相談させてもらおうと女の子の母親に連絡を取ろうとした。

しかし、それは叶わず更なる絶望へと突き落とされることになった。

母親は既に交通事故で他界していた。

一緒にクマのぬいぐるみをお供えした二日後のことだった。

いったいどうすれば許してもらえるのか？

何をすれば助かるのか？

答えなど簡単に見つかるはずもなかったが、それでも彼女は必死になって助かる方法を考え続けた。

しかし、その答えは彼女が身をもって知ることになる。

彼女は仕事の帰り道、事故に遭った。

信号で停車していた際、後ろから走ってきたトラックにノーブレーキで追突された。

トラックのドライバーにはぶつかる瞬間まで彼女の車がまったく見えていなかったそうだ。

そして彼女の車のドライブレコーダーには、助手席辺りでケラケラと屈託のない声で笑う女の子の笑い声がはっきりと録音されていた。

結果として彼女は肋骨と背骨を骨折し現在でも通院中なのだが、事故を境にして怪異は一切起こらなくなった。

払った代償はあまりにも大きかったが、それでもようやく女の子に許されたのだと彼女は内心ホッとしているという。

しかし俺は思うのだ。

本当にその女の子はぬいぐるみを捨てたことに怒っていたのだろうか？

俺個人としては否としか思えない。

もしかしたら一人きりが寂しすぎて誰かを連れていこうとしたのではないか？

そう思えて仕方がないのだ。

この仮説が間違っていることを願うばかりである。

そうでなければ、きっと怪異はこれからも続いていくことになるのだから。

土地家屋調査

車田さんは大手不動産会社で働く三〇代の男性。

ほんの一年ほど前に不可思議な事件に巻き込まれたのだという。


その日はいつもより早く出社すると、タイムカードを押してすぐに外回りに出た。

郊外の山手にある、古い一戸建ての土地家屋調査に出かけたのだ。

現地に着くと既に女性が一人彼の到着を待っており、挨拶も交わす間もなくさっそく家屋の外回りからチェックすることにした。

二階建ての古い家には一階部分に六ヶ所の窓があったが、なぜか二階部分には窓が一ヶ所しか確認できなかった。

ただ壁自体はそれほど傷んでもおらず、塗装もきれいな状態を保っており、外観としてはどこにもマイナスポイントを付ける部分は見つからなかった。

一通り外回りのチェックが終わると、今度は家の内部のチェックに移る。

事前に持っていた合鍵を使って、玄関のカギを開けた。

そこからは二人で手分けして屋内をチェックしていく。

最初に不思議に思ったのは、明らかに二階建てであるのに、二階へ上がる階段がどこにも見つからなかったことだ。

もしかしたら隠し階段にでもなっているのかと思い、必死に壁や押し入れを探してみたが、それらしい場所は見つからなかった。

仕方なくいったん二階のことは忘れ、一階部分を重点的にチェックすることにした。

それにしても変わった造りの家屋だった。

玄関から真っ直ぐ奥へと廊下が延びており、外から見るよりも奥行きがある。

外から見たときも一階には一定間隔で窓があったが、中から見てみるとどれも開ける構造にはなっておらず、すべてはめ殺しの窓であった。そして、窓と窓の間には必ず縦長の姿見が取り付けられ、壁は鏡でいっぱいであった。

おまけに廊下の両脇には部屋がなく、あるのは長い廊下の突きあたりにある小さな木の扉の部屋だけ。

そこには何やら手作りっぽい木の椅子が一脚だけ置かれており、照明というものは存在していなかった。

そして、木の椅子の上には古臭い黒電話が一台、置きっぱなしになっていた。

よく考えてみればこの部屋だけでなく、家の中には照明器具というものがひとつも存在していなかった。コンセントすら見当たらない。

(だとすると、どうやってこの黒電話を使うんだろうか……？)

そんなことをぼんやりと考えていると、突然、天井の上、つまり二階部分から大きな悲鳴が聞こえた。

ハッとして周りを見ると、先ほどまで一緒に屋内をチェックしていた女性の姿が消えていた。

「どうしました？　大丈夫ですか！　どうやって二階へあがったんですか？」

彼は大声で二階へ向かって叫び続けた。

しかし、二階からは既に悲鳴は聞こえてこなくなっていた。

その代わりに、なんだかおかしくて仕方ないという、神経を逆撫でするような悪意を感じる笑い声が聞こえ始める。

　なんとか自分も二階へ上がろうと再度、階段を探したが、どうしても見つけられず、困り果てた彼はいったん車に戻って携帯で助けを呼ぼうと考えた。よくわからない。わからないが、なんだか怖い、ここは……。

　彼は逃げるように玄関から飛び出すと、乗ってきた車に駆け寄る。

　そこで彼は、思わずその場で固まってしまった。

　頭が真っ白になる。

　先程まで一緒に家屋内をチェックしていて突然二階へと消えてしまっていたはずの女性が、助手席に座っていた。

　しかも……ゲラゲラゲラゲラ下品に笑いながら、カクカクと揺れている。

「あ、あの……大丈夫ですか?」

　勇気を出して声をかけたが、女性はゲラゲラと笑っているだけでまったく反応がなかった。

　仕方なく、彼はその場からすぐに車を発進させると、助手席に笑う女性を乗せたまま会社に向かった。

しかし、途中で冷静に考えてみた結果、会社ではなく、そのまま病院へ連れていくことにした。

とにかくその女性の状態は普通ではなかった。

彼は女性を病院へと送り届けると、すぐに会社へ電話を入れ、事情を説明した。

そして、その電話の最中、彼は自分が置かれている状況が理解できずにパニックになり、大声で叫びだしたところでそのままベッドに縛り付けられるようにして入院させられた。


数日後、少し落ち着いてきた彼が把握したのは以下の事実だった。

その女性は、会社の同僚でも、取引先の関係者でもなかった。

まったくの無関係、初対面の女性。

しかも、距離にして三〇〇キロほど離れた県に住む主婦の方だった。

不可思議なのはそれだけではない。

そもそも彼は不動産会社で経理を担当しており、家屋調査になど行く仕事があるはずがなかった。

それなのに彼は当たり前のように会社に早出をし、自分の車であの家屋へと向かった。

そして現場には、遠く離れた県に住んでいるはずの見ず知らずの主婦が待っており、
当たり前のように二人で土地家屋調査を行った。

土地家屋調査のスキルも、免許も持っていない二人がなんの疑問も抱かずに、だ。

しかもあの時、たしかにその主婦の悲鳴は二階から聞こえた。

それがすぐに笑い声に変わった。

彼女はどうやって二階へ上がったのだろう。

いったいそこで何があったか？

彼女は何を見て、何を聞いてしまったのだろう。

すべてが謎だらけで、答えはいまだに見つかっていない。

その後、警察や会社の同僚とその家屋を確認しに行こうとしたのだが、どうしてもその家屋には辿り着けなかった。

彼の記憶によれば、郊外の一本道をまっすぐ走っていっただけ。

それなのに、今でもその家屋が見つかることはない。

最後にもうひとつ。

あの日、彼と一緒に家屋チェックした主婦は、いまだに精神に異常をきたしたままであり、最も重度の患者が入れられる独房で観察治療を受けており、社会復帰できる可能性は見えていないということだ。

彼とその女性はいったい何に導かれてそこへ行ってしまったのか。

なぜ、二人が選ばれてしまったのか。

もしかしたら、表に出てこないだけでこんなことは日常的にどこかで発生していることなのかもしれない。

だとしたら、いつか俺やあなたの身の上にも、起こってもおかしくはない。こんな不条理な怪が突然襲ってくる世界に我々は生きている。

それがいちばんの恐怖ではあるまいか。

止まった時間

時間は悲しみを少しずつ緩和してくれる。

超えられない試練や悲しみなどない……。


こんな言葉をどれだけかけられても、消えない悲しみというのは存在する。

そんな悲しみはトラウマとなり、時の流れを止めてしまう。

時が止まってしまった人間は思い出だけを糧に、亡者のようにただ生きるだけの生活を送るようになってしまうのだろう。

周囲の友人や仲間たちからどんな励ましや叱咤を受けても、決して心には届かず、悲しみの呪縛を解くきっかけにすらなりはしない。

酷なようだが、それが現実でありリアルなのだと思う。

しかし、ただ亡者のように生きているだけでは悲しすぎる。

だからこそ、その呪縛から人は解放されなければいけない。

止まった時計を再び動き出させるのは容易なことではないが、それができるのはもしかしたら、怪異と呼ばれる現象だけなのかもしれない。


大阪府にお住いの田原さんは、現在四〇代半ばの無職男性。

山奥の限界集落に建つ古い民家をタダ同然で買い取り、同い年の奥さんと二人で暮らしている。

家の隣にある畑で野菜や穀物を栽培し、ほぼ自給自足の生活を送っている。

井戸の水を使い、薪で火を熾し、調理や風呂に使用している。

電気も水道も通っていないそうだ。

車すら所有していない。

勿論、経済的理由で購入できないのではなく、二度と車を運転するつもりがないそうだ。

年に数回、街へ出て必要最低限な買い物する必要があるが、その際にも長い道のりを夫婦二人で歩いて街まで下り、重い荷物を背負ってまた徒歩で山奥の自宅へと戻る。

家の近くには熊もイノシシも出るらしいが、特に対策はしていない。

毎日農作に勤しみ、粗末な食事をし、風呂に入るのも週に一度か二度だという。

基本的に酒を飲むのは年に一度だけと決めている。

夫婦仲は悪くないらしいが会話はほとんどしない。

ただ黙々と娯楽もリラックスもない、代わり映えのしない生活を送っている。

まるで何かの苦行のような暮らし。

自分たちで自分たちに罰を与えるような生き方。

それは夫婦二人で考えて決めたことだという。


そんな二人も、数年前まではまったく違った暮らしを送っていた。

街中のマンションに住み、夫婦共働きでそれなりに満ち足りた生活を送っていた。

車も所有していたし、電化製品やパソコン、ゲームなど娯楽や快適さが当たり前の生活を送っていた。

毎日、仕事が終わって帰宅すると、夫婦で晩酌も楽しんでいた。

現在とは完全に別の暮らし方。

しかし、最も違っていたのは彼ら夫婦の他に家族がもう一人いたということだ。

彼ら夫婦はなかなか子宝に恵まれなかったが、ようやく三〇代半ばで娘を授かった。

その一人娘を、彼ら夫婦は何よりも慈しんだ。

すべてが娘中心の生活に変わり、やることも増えたし、お金のやり繰りも大変になった。

しかし、それでも彼ら夫婦は本当に幸せだった。

夫婦二人だけでの暮らしは娘が生まれたことで大きく変わったが、それは最高に幸せでかけがえのないものだった。

夫婦は週末のために働き、週末に娘さんと家族三人でいろいろな場所へ遊びに出かけるのを生き甲斐としていた。

それは家族にとっての最高の時間であり、最高の記憶。

そんな幸せな暮らしが一瞬で消えたのは、娘さんが小学一年生の時。

その日は娘さんの誕生日であり、その日のために夫婦は準備し、休みも取って、彼が運転する車で、関東のアミューズメントパークへと出掛けた。

二泊三日の旅は本当に夢のように楽しい時間だった。

娘の笑顔は最高に輝き、夫婦はあらためて娘が生まれてきてくれたことに感謝した。

しかし、その帰り道の行程で悲劇は起きた。

渋滞の列の最後尾に停車していた彼の車に、工事車両を積載した大型トレーラーが激突したのだ。

ぶつかってきたトレーラーのドライバーの前方不注意による追突事故だった。

彼ら家族が乗った車は原型がわからない程に潰され、車体は半分ほどの長さになってしまっていた。

事故の際、彼ら夫婦は運転席と助手席に乗っており後部座席では携帯ゲーム機に飽きた娘さんがシートにもたれ掛かり眠っていた。

追突の衝撃で、夫婦はダッシュボードに体を打ち付け激痛の中、慌てて後部シートを振り返った。

車内には後部座席というスペースは既に存在しておらず、追突したトレーラーの車体がすぐ近くにあった。

その光景を見た瞬間、夫婦は意識を失った。

泣き叫ぶことも助けようとすることもできずにそのまま意識を失い、夫婦はその後、到着した救急車で病院へと搬送され、医師による懸命の救命措置を受けた。

翌日には揃って意識を取り戻した夫婦だったが、数えきれない程の管や針が体中に固定されており、身動き一つとることはできなかった。

意識が戻った夫婦はそれでも娘の安否を聞こうとはしなかった。

後部座席を振り返った際に見た光景が全てを理解させていたから。

だから現実から逃避して娘の安否は聞けなかったという。

ただひたすらに、あの時見た後部座席の娘の状態が夢であって欲しいと願い、安否の確認は口にできなかった。

しかし、ある程度の回復後、警察から言い難そうに現実を突きつけられた。

勿論、後部座席で見た光景の中にいつもの娘はいなかった。

そこに在ったのは潰れて破裂したような小さな肉の塊だけ。

医師からはその光景を見て気が狂ってしまうのを阻止するため、脳が強制的に意識を失わせたのだろうと説明された。

あなたがたは不幸な事故に遭われただけ。

お二人には責任も過失も一ミリも存在していないと言われたが、そんな言葉はなんの慰めにもならなかった。

それから彼ら夫婦の時間は、事故が起きた瞬間で停止してしまった。

どうしてあんな事故で命より大切な娘を亡くさなければいけないのか？

そう思い相手のドライバーを恨んでみたが、どれだけ恨み続けても決して娘が戻ってくるわけではないという当たり前のことに気付いた時、相手のドライバーへの怒りも怨みもすべて自分たちへの後悔に変わっていったという。


どうして娘の命を護ってあげられなかったのか？

そもそもどうして車で出かけてしまったのか？

いや、そもそもあんなアミューズメントパークへ、出掛けなければ良かったのではないか……？


そんなどうしようもない後悔は、やがて娘への懺悔の気持ちへと変わっていく。

死ぬのは娘ではなく、自分たちで良かったのに……と。

せっかく生まれてきたのにたった六年間しか生きさせてあげられなかった。

そのたったの六年間さえ、自分たちは親として本当に楽しく幸せな人生にしてあげられていたのだろうか？

離婚して別々に暮らすことは考えなかったという。


自分たちは死ぬまで夫婦で暮らし、片時も娘のことを忘れないでいてあげよう。

それが自分たちにできる唯一のこと……。


互いに話し合い、そう心を決めた夫婦はそれぞれの会社を辞めて、山奥の限界集落へと移り住んだ。

移住する際には金に糸目をつけず、立派なお墓を家の前に造ってもらった。

そして、娘のことを知っているすべての人たちから逃げるようにして、二人だけで暮らしている。

家の中には娘のための立派な仏壇も置いた。

家中の壁や柱には娘の写真を数えきれないほど貼った。

食事は常に娘の分も用意し、一緒に食べるようにした。

寝る時も夫婦の間に娘用の小さな布団を敷いて寝た。

すべては一瞬たりとも娘のことを忘れないように。

そうすれば娘が戻って来てくれるのではないかという、オカルト的な考えは持っていなかった。現実は痛いほどに認識していたし、二人が願っていたのはそんなお伽話ではない。


とにかく寂しがり屋だった娘の傍にずっといてあげたいという思いだけであった。

そして、自分たちは可能な限り質素に暮らし、幸せなど望んではいけないのだと言い聞かせて暮らしていたという。

だから家の鍵も掛けたことがなかったし、熊やイノシシを見かけても怖いとは微塵も感じなかった。

いや、いっそのこと、見知らぬ他人に強盗に入られて殺されてしまっても構わないと思っていたし、熊やイノシシに襲われることもいっこうに構わないと思っていた。

自分たちには自殺する勇気もないのだから、せめて殺人犯や獣に襲われて死ねば、亡くなった娘に会えるのかもしれないとさえ期待した。

そんな瞬間が来るまでは、娘の墓を守るのが自分たちにできる最後の責任だと信じていた。

夫婦は、自分たちがまともではないのかもしれないという認識はもっていた。

たくさんの友人や仲間たちがわざわざ遠方からやってきては、涙ながらに二人を説得してきた。こんな生活をしていても娘さんは喜ばないと、何度言われたかわからない。

けれどもそれらの言葉に感謝こそすれ、夫婦の心には何も響かなかった。

「本当にもうしわけありません。私達家族のことはもう忘れてください」

夫婦は深々とお辞儀して、忘れてくれと繰り返すばかりだった。

娘の死に呪縛されている彼ら夫婦は、そのまま静かに暮らし、できるだけ早く死んで、娘がいるあの世に行くことだけを考えていたのだから、生気がなくただ惰性で生きているという表現がピッタリだった。

そのうち友人や仲間たちが諦めて来なくなり、本当に二人だけの亡者のような暮らしが始まって半年が経過した、一一月のある晩のこと。

夫婦二人で寝ていた時、突然奥さんが胸を押さえて苦しみだした。

彼はそんな状態を過去に一度目撃したことがあった。

その時は心室細動、いわゆる心臓が停止しようと痙攣している状態になった会社員を、駅員がＡＥＤという蘇生装置を使い救助していた。

妻はそれと酷似した状態で苦しんでいる。

その時彼は初めて気が付いた。

二人でいつも死にたいとばかり思っていたが、妻だけが死んでしまったら自分は本当に独りぼっちになってしまう。

なんとしてでも妻を救わなければ……！

しかしこんな山奥にＡＥＤが設置されている場所などあるはずもなく、車もない生活を送り、携帯も持っていないのだから、自力で病院へ連れていくことも救急車も呼べないという現実に改めて気付き愕然とした。

しかし、このまま放置すれば、妻は確実に死んでしまう。

そう思った時、彼は奥さんの体を両腕で抱き上げると家から走り出していた。

振動を与えることが決して良いことではないのはわかっていたし、抱きかかえたまま街まで下りるには、速足でも一時間半以上かかるのもわかっていた。

街に下りてからどこか営業している店に飛び込んで救急車を呼ぶつもりだったが、そんな距離をずっと速足で奥さんを抱きかかえたまま歩き続けることなどできるのか？

しかし、できるもできないも今は考えても仕方がない。

このまま大切な妻を見殺しにはできない。

そのためには行動しなければ！

そう思って自然に体が動いてしまったそうだ。

彼女を抱きかかえて走っていると、その軽さに愕然とした。

思えばずっとろくな食事もせず、辛い思いばかりをさせて、こんなにもやつれて軽くなってしまった。

彼は、娘と同じように奥さんのことも自分にとって大切でかけがえのない存在なのだと改めて再認識し後悔した。

自分の情けなさに涙が溢れてきたが、それでもかまわず彼は真っ暗な山道を必死に速足で歩き続けた。

その時、信じられない音を聞いて彼は思わず立ち止まって耳を澄ませた。

前方から明らかに大きなサイレンを鳴らしながら車らしき音が近づいてくる。

それは間違いなく救急車の音だった。

彼は近づいてくる救急車のライトに向かって大きく手を振って「止まってくれ」と合図を送り続けた。

その合図に呼応するように救急車は停車し、中から救急隊員が降りてきた。

「田原さんで間違いありませんか？」

その問いかけに彼が「はい！」と大きく返すと、救急隊員はすぐに彼と奥さんを乗せて広くなっている場所でＵターンしに走り出した。

奥さんの症状を聞くと、救急隊員は車内でＡＥＤを使用し奥さんの蘇生措置を行ってくれたという。

それから急いで大きな総合病院へ搬送されると、奥さんはそのままＩＣＵへと運び込まれ懸命の救急措置が施された。

結果として、奥さんは大した後遺症もなく、無事に退院することができた。

しかし、大きな謎があった。

いったい誰が通報し、救急車が駆けつけてくれたのかということだった。

それを確認すると、公衆電話からの通報だったと説明された。

息を切らした感じの小さな女の子が、

「お母さんが死んじゃう！　早く助けて！」

と、切羽詰まった電話をかけてきたのだ、と。

その女の子は彼の家の場所を伝えた後、名前を聞かれた際にはこう答えたという。

「タハラミクです」と。

それは紛れもなく、亡くなった娘さんの名前だったという。


そんな馬鹿な……。


最初はそう思ったが、そうでなければ奥さんが死にそうになっているのを知ることなど誰にもできるはずはなかったし、救急車を呼べるはずもなかった。

その時、彼ら夫婦は、娘が亡くなってからもずっと傍にいて逆に自分たちを見守ってくれていたんだと思い、その場に泣き崩れたという。

その怪異によってふたたび彼らの時間は未来へと動き始めた。

それからも彼らは山奥の家に住み続けている。

ただ、いつも娘さんが一緒にいるのだと思えるだけで二人の生活は激変した。

車を買い、スマホを持ち、電気や水道も引いてテレビまで観られるようにしたそうだ。

彼ら夫婦は会話も増え、毎日の晩酌を楽しみながら自給自足の生活を継続している。

よく夢の中に娘が出てきては、色んなことを話してくれるという。

疎遠になっていた友人や仲間が遊びに来ることも増え、皆、彼ら夫婦の顔を見ては安堵し、今度はその生活ぶりを羨ましがっているそうだ。

怪異とは科学で説明のつかない超自然的な現象かもしれないが、怪異とは決して悪いモノばかりではない。

改めてそう思わせてくれた貴重な話だった。

著者あとがき

闇塗怪談シリーズを当初の思いどおり一〇巻で終え、今年新たに「怪談禁事録」をスタートさせることができた。

勿論、私的にはシリーズ化し、「闇塗怪談」を超えるシリーズにしなければ意味がなかった。

そういう意味ではつつがなく第二巻を世に出せたことは本当に嬉しく、感無量であり、また前巻が売れなければここまで来られなかったことを考えると、お買い上げいただいた読者の皆様には感謝の気持ちしかない。

前巻のあとがきにも書いたと思うが、このシリーズでは「闇塗怪談」シリーズでは書ききれなかったワンランク上の危ない話も書いている。

勿論、読者の方に致命的な怪異や霊障が及ばないギリギリのラインを熟考し、読むだけなら決して危険が及ばない領域の範囲内で、である。

怪談を書いていてつくづく思うのだが、怪談というものは余程の危険な話でなければ黙読したり、誰かが朗読したものを聴いたりするだけならば、さほど問題はないのだと思っている。

せいぜい怖い夢を見るか、身の回りで少しだけ不思議な出来事が起きる程度だ。

ただ、この本に関して言えば、声に出して音読することや、朗読して誰かに聞かせることは避けたほうがいいと思う。

言霊というのは、文字通り言葉に霊が乗ってしまうものだ。

もしかしたら想定外の怪異に遭遇してしまうかもしれない。

もっとも、怪異を恐怖として書き綴るという最も危険な禁忌を犯している私が言うのも説得力のない話ではあるが……。

今回も、いや今回はとくに、執筆中の怪異が激しく恐ろしいものだった。

より恐怖を伝える文章を綴るために、ずっと自ら禁止していた深夜の執筆を復活させたことも原因のひとつに違いないが、今回起こった霊的な現象は明らかにその話を書かせまいと邪魔する意思を感じた。そこを押し切って書こうとするのが悪いのかもしれないが、それにしたって恐ろしいことが多すぎた。

そんな中で綴りきった数多の曰くつき話がこの本には収録されている。そのことだけはご承知おきいただきたいと思っている。

怪談を書き始めたことを理由にする気はないが、ここ数年でかなりの身体の不具合と病気が検査により見つかった。

勿論、薬の処方は受け入れたが、家族と何度も相談し、手術の類はすべて拒否してきた。

病気の初期や完治する不具合であれば別だが、死ぬとしたら突然死というものばかりなのだから、そんなことのために健康な部分の機能を悪化させる手術を受けて節制ばかりの人生を受け入れる気にはどうしてもなれなかったのだ。

だから今の私にはある意味、怖いものは存在しない。

そして常に今作が遺作になるかもしれないと覚悟し、全力で書いている。

現状での私の全力の禁事録が、読者に逃げ道のない、禁忌な恐怖を届けられれば本望である。

令和五年十二月

営業のK

★読者アンケートのお願い

応募フォームはこちら

本書のご感想をお寄せください。アンケートをお寄せいただきました方から抽選で10名様に図書カードを差し上げます。

（締切：2024年1月31日まで）

怪談禁事録　ハカが見える

2024年1月3日　初版第一刷発行

著者……………………………………………………営業のK
カバーデザイン…………………………………橋元浩明（sowhat.Inc）

発行人……………………………………………………後藤明信
発行所……………………………………………株式会社　竹書房
〒102-0075　東京都千代田区三番町8-1　三番町東急ビル6F
email: info@takeshobo.co.jp
http://www.takeshobo.co.jp
印刷・製本…………………………………中央精版印刷株式会社